人体运动功能评定及恢复改善训练丛书

# 基于姿势控制原理的
# 基本动作分析与评估

[日] 石井慎一郎 著　牟海晶 译　席蕊 审校

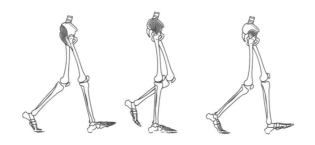

人民邮电出版社

北京

**图书在版编目（CIP）数据**

基于姿势控制原理的基本动作分析与评估／（日）石井慎一郎著；牟海晶译. — 北京：人民邮电出版社，2022.5

（人体运动功能评定及恢复改善训练丛书）

ISBN 978-7-115-57839-6

Ⅰ．①基… Ⅱ．①石… ②牟… Ⅲ．①运动生物力学—分析方法 Ⅳ．①G804.6

中国版本图书馆CIP数据核字（2022）第014140号

**版权声明**

**免责声明**

本书内容旨在为大众提供有用的信息。所有材料（包括文本、图形和图像）仅供参考，不能用于对特定疾病或症状的医疗诊断、建议或治疗，且不能保证每一位读者都能通过使用本书运动方法取得成功。所有读者在针对任何一般性或特定的健康问题开始某项锻炼之前，均应向专业的医疗保健机构或医生进行咨询。作者和出版商都已尽可能确保本书技术上的准确性以及合理性，且并不特别推崇任何治疗方法、方案、建议或本书中的其他信息，并特别声明，对读者的运动效果不负任何责任，不会承担由于使用本出版物中的材料而遭受的任何损伤所直接或间接产生的与个人或团体相关的一切责任、损失或风险。

## 内 容 提 要

针对基本动作评估、分析患者动作障碍的原因有助于临床治疗方案的制定，因此动作分析的理论和方法是物理治疗和运动康复的基础。本书以人体姿势控制的生物力学机制为基础，阐述了人体在四种身体姿态（侧卧、起床、起立及坐下、步行）下产生异常动作的原因，并阐明了分析技巧，旨在帮助运动功能障碍者进行动作分析与姿态矫正，并使其恢复正常生活和运动状态。本书作者结合自身多年实践经验，采用模型图与真人拍摄图相结合的方式，为物理治疗师、运动康复师及相关专业从业者提供学习帮助，使其易于理解并付诸实践。

◆ 著　　　 ［日］石井慎一郎

　 译　　　 牟海晶

　 责任编辑　李 璇

　 责任印制　周昇亮

◆ 人民邮电出版社出版发行　　 北京市丰台区成寿寺路 11 号

　 邮编　100164　　电子邮件　315@ptpress.com.cn

　 网址　https://www.ptpress.com.cn

　 廊坊市印艺阁数字科技有限公司印刷

◆ 开本：700×1000　1/16

　 印张：15.75　　　　　　　　2022 年 5 月第 1 版

　 字数：343 千字　　　　　　 2024 年 11 月河北第 4 次印刷

　 著作权合同登记号　图字：01-2020-0865 号

定价：128.00 元

读者服务热线：(010)81055296　印装质量热线：(010)81055316

反盗版热线：(010)81055315

广告经营许可证：京东市监广登字 20170147 号

# 前　言

　　分析患者出现动作障碍的原因、制定治疗方案的一系列临床诊断过程，可以说是物理治疗和运动康复的基础。在面向学生和年轻治疗师的临床教学中，要花费大量的时间来讲解动作分析。之所以对动作分析高度关注，是因为很多治疗师意识到动作分析的质量直接关系到临床效果。

　　但是，动作分析的理论和方法，还没有形成明确的体系。目前，主要还是基于个人经验进行动作分析。动作分析是物理治疗和运动康复的核心，而动作分析基于经验判断这一现状，大概使不少学生和治疗师都感到困惑。

　　笔者在培养物理治疗师的教育机构已工作了十几年，在教学过程中，最伤脑筋的是如何对学生和年轻治疗师进行动作分析方面的教育，因为他们无法根据经验做出判断。为了使没有经验的初学者能够做出正确的临床诊断，必须要有明确诊断过程的理论。但是，目前还没有关于动作分析的系统化理论或教科书，在培训学校的动作分析讲解中，授课教师以自己的经验为基础，摸索着教学。

　　在从事教学的岁月里，笔者明白了"学生总是寻求优秀的教科书"。学生若要理解在课堂上学到的知识，课后的学习是很重要的。市面上并不是完全没有关于动作分析的优秀教科书，目前也出版了不少根据优秀的理论和论据而系统化的书籍，但是这些教科书太过专业，其中很多内容需要有一定的经验才能熟练地使用。在教学中笔者感受到，初学者需要的是以通用的理论讲解最低标准内容的教科书。

　　本书是为了满足这种需求而出版的面向初学者的教科书。本书在理论的背景下，使用了高通用性的生物力学；以人体运动机理为基础，讲解了异常动作的机理和分析的诀窍。希望本书能够满足教育机构和年轻治疗师的需求。

　　在写作中，笔者遭遇了超乎想象的困难，写作时间远远超出了预期的时间。衷心感谢在此期间坚持不懈地致力于编辑的MEDICAL VIEW出版社的小松朋宽先生。

2013年8月

石井慎一郎

# 目 录

# 第3章　侧卧动作的分析

# 第4章　起床动作的分析

## 第5章 起立及坐下动作的分析

# 第6章　步行分析

# 编者列表

## 主 编

石井慎一郎　国际医疗福祉大学研究生院 保健医疗学专业 福祉支援工学 教授

## 协助编辑

重枝利佳　三浦市立医院康复科

长谷川由理　汐田综合医院康复科

樱井好美　湘南FUREAI学园

佐伯香菜　横须贺市疗育咨询中心

藤井伸行　三浦市立医院康复科

竹内晃雄　三浦市立医院康复科

秋吉直树　OYUMI整形外科诊所康复科

# 第1章　绪论

# 1 临床中的动作分析

## 临床中的动作分析的目的

动作分析是从动作能力的层面分析限制患者日常生活活动的主要原因的过程。日常生活活动通过侧卧、起床、起立及坐下、步行这4个动作组合进行。这4个动作称为基本动作。在临床上，根据动作分析的结果得出患者的动作能力问题，从而推断其原因，并基于此制定运动康复方案。因此，动作分析在运动康复诊断过程中有着极其重要的作用。

临床实践中的动作分析，一般通过目测观察患者的动作姿势来实现。很多学生认为动作分析是观察动作的姿势并对其进行记录的一项作业，但并非如此。即使将患者的动作姿势与正常动作姿势进行比较，也只是知道它们的不同之处而已，并不能弄清楚"为什么会是如此的姿势呢？""为什么这个动作很难完成呢？"动作障碍的原因并不能从观察到的现象中直接得出，而要以各种观察结果为基础，通过反复推论才能确定。这正是动作分析的难点。

## 动作分析的着眼点和动作机理

理解完成基本动作所必需的"动作机理"对推断动作障碍的原因很重要。完成一个动作的机理通常有几个。我们之所以能够侧卧、起床、起立及坐下、步行，是由于多个动作机理的正常工作。

动作障碍由其机理出现问题而导致。因此，分别明确机理是否异常及其工作状况是明确动作障碍的原因必不可少的步骤。但是比较患者和健康人的动作形式，讨论其差异，也不能明确动作障碍的原因；只有着眼于动作机理进行分析，才能使推论更加准确。

## 动作机理的分析

为了明确是哪个机理存在异常，仅仅通过目测观察动作是不够的。那么，除了观察，还应该做些什么呢？答案是动作的"引导"。侧卧时，物理治疗师需要一个一个地引导必要的动作帮助患者完成侧卧。在引导时还需要注意观察患者的反应，分析动作机理存在的问题。也就是说，"做不到……的原因"实际上是"如果不让他做……是不能够明白哪个机理存在异常的"。

　　完成一个动作所需的机理不一定只有一个，不少情况是由2个以上的问题复合性地阻碍一个动作实现。在这种情况下，如果不同时引导2个以上的机理，患者就不能完成动作。

　　在引导动作时，重要的是仔细确认需要多少辅助。将物理治疗师从患者身上感受到的反应分为4个阶段，借此可以在一定程度上预测动作障碍的原因（表1）。

表1　引导动作时所需的辅助和预测的问题

| 引导动作时所需的辅助 | 预测的问题 |
| --- | --- |
| 进行运动方向的引导 | 动作方法有误所致 |
| 外部施予辅助力量 | 肌力下降和运动麻痹所致 |
| 若不对抗患者产生的力，就无法引导 | 过度用力，缺乏运动代偿<br>联合反应，疼痛回避和恐惧心理所致 |
| 进行辅助也无法引导运动 | 运动范围受限所致 |

　　一方面，如果在外力辅助下可以引导患者完成动作，则表明肌力和运动范围受限等功能障碍问题尚不严重，可以推测动作方法存在问题。另一方面，如果不从外部给予辅助力量就不能引导患者完成动作，可以认为是肌力下降和运动麻痹导致的不能运动。此外，在必须与患者产生的力相抗衡才能引导的情况下，可以推测是过度用力、缺乏运动代偿、联合反应、疼痛回避、恐惧心理等阻碍了动作。在即使进行辅助，运动本身也有限制、不能进行引导的情况下，很可能是因为关节的运动范围受限。

### 假设的提出与验证

　　即使通过引导进行动作分析，也不一定能明确动作障碍的原因。借助这些方法只能明确"有问题的机理是哪一个"。为了明确动作障碍的原因，必须反复提出假设并验证。引导动作时观察患者的反应，对产生这种反应的原因提出假设；提出假设后再进行验证，确定动作障碍的原因。但是，提出的假设不止一个，应从多个假设中选择强有力的假设。

　　通过观察获得的信息量越少，可能的假设就越多。为了从众多假设中缩小强有力假设的范围，就需要尽可能多地获得相关信息。物理治疗师的动作分析能力受提出假设的能力影响，提出假设需要具备解剖学、运动学和神经生理学等知识，以及观察能力和想象力。

　　从观察结果明确主要的问题点，到明确原因的一系列动作分析过程很难系统化。 这是因为患者的基本动作问题极其个性化，因此要想将动作分析过程系统化并不现实。物理治疗师应对临床中观察到的患者的各种异常动作进行临床推论，找出问题的原因。完成这项极具创造性的工作的前提是熟悉使动作得以实现的机理。在明确哪个机理存在问题的基础上，推论并确定使该机理产生问题的功能障碍原因，这就是动作分析。

## █ 运动障碍

接下来针对临床中经常使用的"运动障碍"一词进行解释。前面已经讲过"完成一个基本动作所涉及的机理有几个"，运动障碍是指不能正常做某一动作，而采取其他不同的运动形态，即偏离正常动作的运动。这是进行动作分析时需要重点观察的现象。

多数情况下，在动作阶段中能观察到几个运动障碍。重要的是找出其中哪一个是动作障碍的直接或根本原因。物理治疗师应先引导患者动作，随后应观察每一个运动障碍，然后将其分为主要运动和次要运动进行分析。当某一个运动障碍被物理治疗师引导为正常动作时，其他的运动障碍可能就会消失或被正常运动代替；最终得以明确运动障碍的主要原因。动作分析的核心是通过引导患者的动作来确认动作如何变化。

物理治疗师应检查在某个动作的特定姿势中观察到的运动障碍是否在其他姿势或其他动作中也出现，此信息能给我们提供确定原因的重要线索。

例如，从站立初期到中期观察到患者膝关节过度伸展，首要考虑的简单假设如表2所示。

表2　关于原因的假设

- 膝关节的伸展痉挛
- 股四头肌的肌力显著下降或弛缓性麻痹
- 股四头肌过度紧张或痉挛
- 踝关节跖屈痉挛或小腿三头肌过度紧张导致背屈受限

如果在该患者步行的摆动期观察到膝关节屈曲，则可以从假设中排除膝关节的伸展痉挛。此外，如果患者能够保持站立时足跟着地、小腿垂直的姿势，那么也可以排除踝关节跖屈痉挛或小腿三头肌过度紧张导致的背屈受限。

假设仅限于现实的假设，对于观察到的运动障碍的原因、次要的假设应暂予忽略。在此基础上，患者的被诊断信息将成为优先考虑的重要信息。例如，如果上述患有膝关节过度伸展的患者被诊断为股骨颈骨折，那么可以排除中枢神经系统疾病造成跖屈肌群和股四头肌痉挛引起的过度紧张、股四头肌弛缓性麻痹等原因。进行上述排除后，可认为该患者膝关节过度伸展的原因最有可能是股四头肌的肌力显著下降，只需进行徒手肌力检查即可验证。

## 代偿运动

在临床中也经常可以看到"代偿运动"。如果使动作得以完成的机理出现问题，患者就会在极短的时间内掌握代偿运动。代偿运动是指为了独立完成动作而用力地运动，通过其他的动作来弥补失去的功能。虽然代偿运动在一定程度上使动作得以实现，但从长期来看，可能会导致继发性问题。这是因为在很多情况下代偿运动是一种低效的动作模式，可能会导致身体其他部位的动作产生障碍，也可能会对残存的功能产生影响。

例如，髋关节外展肌肌力下降的患者在步行的站立中期会使身体向站立侧侧屈，以代偿侧向的稳定性。这种代偿可能有助于稳定步行，但是从长期来看会增加控制身体侧屈的肌肉的负担，以及椎间关节和椎间盘的负担。另外，若与身体稳定性相关的肌肉在步行中被强制进行侧屈运动，则剥夺了它们进行自由运动的机会，这会导致继发性功能障碍。

通常，代偿运动比运动障碍更为明显，容易引起注意，检查人员很容易观察到。但是，代偿运动并不是运动障碍，而是伴随运动障碍出现的现象。

# 2 与动作障碍相关的功能障碍

## 肌肉功能障碍

导致动作障碍的肌肉功能障碍并不是肌张力不足而使患者无法进行关节运动的单纯障碍。为了使动作正常进行，控制动作所需的几块肌肉必须协调运动，各肌肉必须在适当的时机以正确的收缩形态（向心、离心、等长等）产生适当的张力。本书将这种动作所需的肌肉作用无法充分发挥的状态称为"肌肉功能障碍"。

肌肉存在功能障碍的原因大致可分为周围性原因和中枢性原因。周围性原因有失用性肌萎缩、肌肉相关疾病和外伤、周围神经损伤等。中枢性原因有分离性运动障碍所致痉挛性麻痹、弛缓性麻痹、固缩等异常肌肉紧张，继而导致肌力明显下降。

### ❖ 周围性运动控制的问题

#### ■ 肌力下降

肌力下降的原因有两个。第一个原因是肌肉量减少。肌肉能够产生的力量由垂直于肌纤维的横断面面积决定。每单位横断面面积（$1cm^2$）的肌肉大约可以产生5千克力。当失用性肌萎缩和肌肉量减少继而导致肌肉的横断面面积减少时，每单位横断面面积的肌肉能够产生的最大肌力也会成比例地减少。一般认为，肌肉量减少的主要原因是肌萎缩和肌纤维数量的减少。

第二个原因是神经性因素。肌力的产生由神经系统控制。多根肌纤维由一根神经纤维控制，从而形成一个运动单位。肌力大小取决于动员的运动单位的数量及其脉冲发射频率（兴奋性）。因此，肌力下降的神经性因素是指运动单位的运动性下降。

如果肌肉长期处于不活跃状态，则该部位的运动神经元就会消失，导致运动单位减少。如果运动单位减少，肌肉的活动单位就会减少，因此产生的最大肌力就会下降。

运动单位减少导致肌力下降的原因是长期不使用肌肉而不知如何用力及不会支配身体。另外，"脉冲发射频率减少"由感觉、意愿、大脑兴奋水平的降低所致。在临床上，神经性因素在推断肌力下降的原因中非常重要。

基于以上原因，肌力下降或进行动作控制的力量稍有丧失都会导致动作障碍。那么，肌力下降到何种程度会导致动作障碍呢？完成基本动作所需的肌力并不大，如步行所需的平均肌力是健康人最大肌力的25%左右（Perry et al., 1986）[1]。

完成基本动作与步行一样，并不需要很大的肌力。将基本动作分解为运动要素，从理论上算出所需的肌力，如果通过徒手肌力测试所得到的肌力为3~4级，可克服重力，可抵抗微小的阻力并能使关节运动，那么患者就具备完成基本动作所需的肌力。

但是，实际上肌力为3~4级的患者会出现功能障碍。完成基本动作的前提是，身体能在所需活动范围内充分产生肌力，即必须要有超过完成动作所需的肌力才能稳定地完成动作。如果患者必须使用接近最大肌力的肌力来完成动作，则没有承受意外承重的余力，不能在适应姿势及运动状况变化的同时控制姿势和运动。由于这种容许范围狭窄的动作不太现实，因此可由代偿性动作代替。尽管通过代偿运动可以在动作中获得安全的位置，但从长期来看，这对人体有所伤害。这是因为代偿运动会导致身体其他部位动作产生障碍。

■ **肌肉的反应性**

如果肌肉不在适当的时机收缩，即使能够充分产生肌力，也不能完成动作。例如，在步行的站立初期，臀大肌必须在足部接触地面的瞬间开始运动，并在瞬间产生巨大的力量。如果收缩的时机较晚，或者产生力量缓慢，则摆动向站立的阶段将处于极其不稳定的状态，会导致站立初期下肢出现严重的问题。

肌肉具备在适当的时机充分产生必要肌力的能力，这是正常完成动作的重要条件。

肌肉的反应性降低有时是由于不运动和不使用。当肌梭和腱梭等本体感受器不再受到刺激，神经-肌肉机理的反应也不再被激活时，肌肉的反应性会降低。

■ **肌肉的收缩形式**

肌肉的收缩形式可以分为向心收缩、离心收缩、等长收缩。从运动控制的观点来看，不同肌肉收缩形式的功能作用如表3所示。

肌力是肌肉对外界产生作用的力，是肌肉收缩力和肌肉弹性、肌肉黏性产生的力的总和。肌肉弹性是类似于弹簧的要素，随着关节角度（肌肉长度）而变化。

表3　**不同肌肉收缩形式的功能作用**

| 向心收缩 | 加速肢体运动的加速器功能 |
| --- | --- |
| 离心收缩 | 减慢肢体运动的制动器功能<br>吸收冲击的减震器功能 |
| 等长收缩 | 固定肢体的支撑和稳定功能 |

肌肉黏性是类似于液压活塞的要素，随着收缩速度而变化。这可以通过表示肌肉收缩形式和张力关系的希尔方程进行说明（图1）。

图1 希尔方程

向心收缩　$F=u-kux-duv$……①
离心收缩　$F=u+kux+duv$……②

$F$：肌力　$u$：肌肉收缩力　$k$：肌肉弹性系数
$d$：肌肉黏性系数　$x$：肌肉长度　$v$：肌肉收缩速度

肌肉弹性（①、②式的$kux$）和黏性（①、②式的$duv$）都随着肌肉收缩力而增加。此外，肌肉弹性随着肌肉长度的增加而增加，肌肉黏性随着肌肉收缩速度的提高而增加。表示肌肉弹性强度和肌肉黏性的各个系数由神经系统控制，肌肉弹性受拉伸反射控制，肌肉黏性受γ系统控制。

肌肉弹性产生的力可以表示为$k$、$u$和$x$的乘积。肌肉黏性产生的力可以表示为$d$、$u$和$v$的乘积。从①式可以看出，向心收缩时肌肉弹性和黏性对肌纤维的缩短有抵抗性；从②式可以看出，离心收缩时肌肉弹性和黏性具有辅助作用。因此，与向心收缩相比，离心收缩产生的肌力更大。也可以理解为向心收缩产生的肌力随着肌肉收缩速度的提高而减少，而离心收缩产生的肌力随着肌肉收缩速度的提高而增加。

但是，在临床观察中发现，许多患者尽管在向心收缩和等长收缩时的肌力在正常范围内，但在离心收缩时却不能充分产生肌力。不仅是人工关节置换术和股骨颈骨折等整形外科疾病患者存在离心收缩问题，脑卒中偏瘫患者也存在离心收缩问题。小腿三头肌的离心收缩受限导致踝关节出现阵挛就是一个很好的例子。

肌肉的离心收缩是在步行中经常使用的收缩形式，离心收缩存在功能障碍是在步行控制中导致重大问题的原因。与其他的收缩形式相比，仅离心收缩能力有显著降低的现象，与其说是随着肌肉的运动水平而变化的肌肉收缩力本身的问题，不如说是肌肉拉伸时的被动抵抗——肌肉弹性和肌肉黏性的控制存在问题。虽然尚不清楚为什么会发生这种情况，但是据推测，与肌肉弹性相比，肌肉黏性降低、主动肌和拮抗肌的总肌力变小时，只有离心收缩功能出现选择性地下降。

## ❖ 中枢性运动控制障碍

中枢性因素是指仅活动所选择的部位，从而出现分离运动障碍，这主要由脑卒中、脊椎障碍麻痹等中枢神经系统的障碍导致。对于分离运动障碍，主动运动只能进行一些原始运动模式。由于痉挛和运动控制障碍，患者通过与本来的运动模式不同的、不合理的定型原始运动模式来进行运动。

一旦发生中枢性运动控制障碍，患者就不能对肌肉运动的时间进行控制，导致肌肉运动时间过长或过短。此外，它还会导致肌肉运动的时机过早、过晚或完全不运动等问题，进而导致患者无法适当地控制肌肉运动的强度。这会进一步导致患者无法控制从定型运动模式中分离出来的选择性运动或协调地使用多块肌肉。

如果出现痉挛的肌肉急剧拉伸，就会诱发有规则的阵挛性肌肉的节律性收缩；而慢慢伸展时会诱发持续的肌肉紧张。痉挛依赖速度来阻碍离心收缩。这会使患者在以步行为代表的许多动作中，在利用重力进行运动的情况下，不能对关节的运动进行离心性控制。比目鱼肌和腓肠肌一旦发生痉挛，足部就会保持跖屈位，无法完成3个方向轴上的运动（参照轴功能，第6章，第181页），也不能在站立吸收冲击的同时控制动作。

另外，中枢性运动控制障碍也会对来自本体感受器的向心性输入产生影响，使运动控制的障碍变得更加复杂。

### ❖ 习得性失用导致的障碍

众所周知，不管是周围性原因还是中枢性原因，患者的某些运动控制问题由习得性失用（learned non-use）导致[2]。

当身体的一部分功能受损时，患者会采用代偿动作，以在不使用功能受损的部位的情况下完成动作。结果，功能受损部位的使用频率减少，进一步导致该部位的自主性和肌力下降。例如，脑卒中偏瘫患者被迫使用非瘫痪侧上下肢来代偿瘫痪侧的运动障碍时，在日常生活中使用瘫痪侧上下肢的频率就会减少，进而导致瘫痪侧自主性和肌力的下降。不仅在脑卒中患者中，在整形外科疾病患者中，甚至在健康人中也能观察到这种现象。

习得性失用导致的功能进一步下降，不仅会导致自主性和肌力下降，还会导致掌控四肢运动功能的脑神经网络区域的缩小，并使其被其他功能占据。也就是说，在运动障碍导致四肢运动功能丧失的同时，脑神经网络内相应的区域也会丧失，由此产生恶性循环：功能障碍部位的使用频率进一步下降，肌肉和本体感受器的功能障碍恶化，掌控功能的脑区域进一步减少。这就是"习得性失用"[2]。

另外，运动引起疼痛、无法完成动作等问题还会引发患者的负面情绪，使其不愿使用功能障碍部位进行运动，这也是一个恶性循环，即形成抑制运动条件的"习得性失用"。

# 关节运动范围异常

无论是关节的运动范围受限，还是异常的过度运动，都是产生严重动作障碍问题的主要原因。在确认了运动范围受限的情况下，需要判断的是这是由构成关节组织的延展性降低导致，还是由过度伸展导致。另外，疼痛也是导致关节运动范围受限的重要原因。疼痛会导致肌肉防御性收缩和肌肉痉挛并强烈限制关节运动，也会导致肌肉缩短和血流受阻，并加重痉挛。

## ❖痉挛导致的关节运动范围受限

关节运动范围受限的机理大致可分为，关节外伤和疾病导致的原发性关节运动范围受限，以及关节外障碍（如麻痹、疼痛等）连续发生导致的继发性关节运动范围受限。关节软骨、骨骼、关节囊和韧带等关节构成部位变化导致的关节运动受限称为强直。由强直以外的皮肤、肌肉、肌腱、神经和血管等的变化导致的运动受限称为痉挛，病理上可以理解为皮肤、皮下组织、筋膜、韧带、关节囊等瘢痕化或粘连。痉挛是导致关节被动或主动限制运动范围的状态。一般来说，痉挛是关节囊和关节囊外的关节构成部位——软组织的变化导致的关节运动受限的统称（表4）。

表4　痉挛的分类

| 皮肤痉挛 | 皮肤的烫伤、创伤、炎症等导致的瘢痕引发的痉挛 |
| --- | --- |
| 结缔组织痉挛 | 皮下组织、韧带、肌腱等结缔组织的伸展性降低而导致的痉挛 |
| 肌肉痉挛 | 肌肉的缩短、萎缩导致的痉挛 |
| 神经痉挛 | 为了避免疼痛，反射性地延长用力区域而导致的反射性痉挛 |

## ❖过度运动导致的关节运动范围受限

韧带张力降低会导致关节运动范围受限。当韧带受到损伤，或由于长期固定、老化而引起的组织学变化等导致韧带张力降低时，会引起过度运动和关节不稳定。过度运动降低了关节表面的适应性并引起生理运动障碍，这反过来又限制了关节的运动范围。

## ❖肌肉过度紧张导致的关节运动范围受限

此处定义了导致关节运动范围受限的"肌肉过度紧张"状态。肌肉过度紧张是指肌肉持续过度紧张的状态。它的症状与肌肉痉挛基本相同。虽然与脑卒中等导致的痉挛的发病机理不同，但本书并没有严格区分两者。因为作为限制关节运动范围的原因，在不能调整肌肉长度这一点上，两者导致的症状是相同的。

肌肉长度缩短并不会导致关节运动范围受限,肌肉过度紧张导致的关节运动范围受限表现为不能调节肌肉的收缩,不能将肌肉的长度调整至适当。

关节运动范围受限的原因被认为是肌肉伸展性降低时,需要区分是"肌肉过度紧张"导致的,还是"肌肉缩短"导致的。但是,实际上两者混合的情况较多。

肌肉过度紧张由伴随疼痛、恐惧、不安的关节代偿运动等导致。肌肉过度紧张大多是对损伤的反应,伤害刺激通过持续刺激伤害性感受器强化控制反射运动的肌肉,使其紧张亢进。肌肉过度紧张由从大脑皮层到肌纤维的传导途径的任一部位的刺激导致,但多在对肌肉和神经都有影响的神经-肌肉接合部发生。肌肉过度紧张是防御性的、保护性的,有时也将为避免因运动导致疼痛而使肌肉紧张亢进、限制运动的防御性反应称为肌源性防御。另外,肌肉过度紧张会压迫肌肉内的血管,导致血流量减少。因此,容易发生由缺血引起的疼痛。一般认为,肩膀酸痛是轻微的肌肉过度紧张导致的症状。

## 感觉障碍

感觉刺激的能力受损时会影响动作的机理进而导致运动障碍,机体无法获得适当反馈信息,从而难以适当地控制动作。

感觉信息分为浅感觉和深感觉。触觉和热感觉属于浅感觉,来自本体感受器的信息属于深感觉。

若深感觉出现障碍,身体各部位的空间位置、相对位置关系、运动信息等无法传达给控制运动的中枢神经系统。这些信息是控制平衡和控制运动的必要条件。因此,来自本体感受器的向心性信息的输入水平降低,会导致动作障碍。那么,有感觉障碍的患者完全得不到在空间中的身体姿势和肢体之间相互位置关系的相关反馈吗?由于反馈部分欠缺,对运动结果的预测变得困难,患者经常感到非常不安。这类患者为了获得稳定性,会固定关节、降低运动自由度,或更加剧烈地运动以获得更强烈的感知力。但是,如果感觉受限伴随肌力下降,就不能进行代偿运动,患者的动作能力就会严重受限。

## 疼痛

疼痛是影响动作的最有力的刺激,是运动障碍的原因之一。在运动控制中,避免疼痛的运动模式优先于其他运动机理;所以患者将所有的感觉和运动能力都集中在避免疼痛上,结果导致患者在整个动作过程中试图通过使用尽可能减少运动自由度的定型运动模式来完成动作。避免疼痛的动作模式有几种。一方面，如果疼痛由关节运动或特定肌肉的运动引起，患者为了避免疼痛会重建动作模式；另一方面，因承重或运动引起一定范围疼痛的患者，为了尽量缩小运动范围和减少力量的产生，身体会极端地减少运动时间和缩小运动范围，选择自由度较低的动作模式。

## ▌大脑边缘系统（情绪原因）

大脑边缘系统包括动机、记忆和情感的有关区域。不安对患者的动作有很大影响，如对疼痛和无法完成动作的担心及对平衡控制的不稳定性的担忧等。

情绪变化和肌肉紧张有密切的关系。当情绪处于紧张状态时，身体就像进入临战状态一样，肌肉的紧张程度也会加剧。例如，非常害怕步行的患者，仅仅在想要开始步行练习时就会出现全身肌肉紧张、亢进的情况。一般认为，这种情绪导致的肌肉过度紧张是大脑边缘系统导致的肌肉功能障碍。大脑边缘系统导致的肌肉功能障碍主要表现为由大脑边缘系统直接支配的枕下肌群、下颌、肩胛提肌、盆底肌、横膈膜受到影响。

诸如"不安""恐惧"等情绪会触动 γ 运动神经元进而导致肌梭过敏，肌肉紧张、亢进。另外，当肌梭过敏时，甚至会导致不必要的肌肉也参与运动，进而对运动的流畅性产生影响。这就是当您紧张时指尖不能做出精细动作的原因。受此影响最大的是存在于表层的胸大肌和肱二头肌，特别是发育运动学上的屈肌群。

本章介绍了动作分析的目的和着眼点，以及与动作障碍相关的功能障碍。第2章将介绍进行动作分析时不可缺少的"生物力学"。

◎参考文献

[1] Kirsten Gotz-Neumann：観察による步行分析，医学書院，2005.

[2] Bente EBassoe Gjelsvik 著，新保松雄 監：近代ボバース概念 理論と実践，ガイアブックス，2011.

# 第2章 姿势控制的生物力学

# 1 基本动作的姿势控制

## 身体重心的控制

基本动作是指侧卧、起床、起立及坐下、步行这4个动作。人们通过基本动作的组合进行日常生活运动。

基本动作的任务是使某姿势转变为目标姿势。姿势被定义为对线和对位[*1]。也就是说，当姿势改变时，对线和对位同时变化。因此，为了完成基本动作，不仅要把关节运动组合起来形成对位对线，还需要考虑重力的影响来控制姿势。

观察并思考图1的"拾起地面上的东西"这一动作。动作任务是进行身体的前屈运动。开始姿势的对线为站立，目标姿势的对线为上肢触及地面的站立向前屈曲。为了做出目标姿势的对线，就要屈曲髋关节（图1a）。此时，随着身体的向前屈曲，身体重心也向前移动；如果继续屈曲髋关节，身体就会向前方倾倒。所以，为了使身体重心向后移动，在进一步屈曲髋关节时必须跖屈踝关节（图1b）。

**术语解释**

[*1] **对线和对位**

对线是指身体各部位的相对位置关系，对位是指身体相对于重力的方向。

### 图1　拾起地面上的东西时的姿势控制

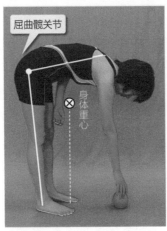

a 屈曲髋关节，将手伸向地面时身体重心会向前方移动

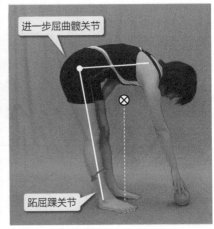

b 为了进一步屈曲髋关节，将手伸向地面上的物体，必须跖屈踝关节，使身体重心向后移动

虽然这只是许多动作中的1个例子，但从以上情况可以看出，要完成动作，不仅需要控制对线、对位，还需要控制伴随对位变化的身体重心。实际上，在对不能从地面拾起东西的患者进行动作分析时，必须从对线、对位控制和身体重心控制这两个方面来推断其不能完成"拾起地面上的东西"这一动作的原因。

为了理解姿势控制，就需要对作用于身体上的力和运动的关系进行理解；下文将对姿势控制的生物力学进行介绍。姿势控制的本质是身体重心的控制；身体重心的控制是指将身体重心稳定在某个位置，或从某个位置移动到其他位置。如果不理解姿势控制的生物力学，就难以理解身体运动。

## 补充　什么是生物力学？

从力学的角度讨论人体运动的机理和人体结构的学术领域称为生物力学。在日本，生物力学（biomechanics）通常翻译为"身体力学"。

生物力学的基本原理是力学。力学是研究处理物体的运动及导致该运动的力的学术领域。不仅是人体，物体的运动也是由力引起的。这里存在着普遍的法则，说明由于力的作用引起的物体的运动通常是可以预测的。在生物力学中，应用其法则可说明身体运动的机理和身体结构的构造。在康复治疗的临床中，在明确患者的障碍原因的思考过程中活用生物力学有非常大的好处。

# 2 静止姿势的生物机理

## 作用于身体的力和姿势控制

理解站立时作用于身体的力的作用后，便可以明白姿势控制是在什么样的力学条件下进行的。

那么，什么样的力作用于身体呢？

当力作用于物体时，物体产生运动（严格来说是运动状态发生变化，即产生加速度）（图2）。

身体也不例外。当施加力时，身体从静止状态开始运动。那么，思考一下身体在静止状态下保持姿势的力学原理。如前文所述，当力作用于物体时，物体产生运动。因此，认为身体能够保持静止站立的原因是"只是轻轻站在床上，完全没有施加力，所以在站立时身体能保持静止"，这种想法是错误的。为什么呢？这是因为站立时身体也会受到力的作用。站立时身体受到两种力的作用，第一种是重力，地球上一切物体都会受到重力的作用。因此，身体也一直受到竖直向下[*2]的重力的作用。

重力是作用于身体各部分的力，但为了便于思考姿势控制和身体运动的力学，应将作用于身体各部分的重力合并为一个力矢量，即认为重力作用于身体重心上。这个合力的大小就是体重乘以重力加速度[*3]的值。因此，静止站立时，作用于身体重心的重力＝体重×重力加速度（图3）。

**术语解释**

[*2] **竖直向下**

当用线悬挂重物时，线指示的方向即为竖直向下。也就是说，重力作用的方向称为竖直向下。竖直向下与重力作用的方向重合，竖直向上是阻力的方向。一般情况下，不区分垂直方向和竖直方向，但在生物力学领域中，要严格区分两者。实际上，垂直方向不一定与重力方向重合。

[*3] **重力加速度**

物体在重力作用下下落时的加速度（由重力产生的加速度）称为重力加速度。其用符号g表示，值为9.8（m/s²）。g是恒值，与物体的大小、重量和形状无关。

图2 力的作用和运动状态的变化

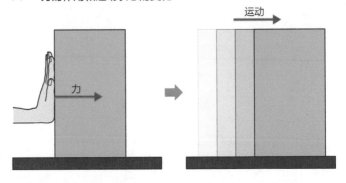

为什么身体在受到竖直向下的重力作用时能够保持静止？直观上可以理解为"因为它由地面支撑着"。这种想法虽然不是错误的，但为了从力学上解释身体运动，有必要对其作用力进行更详细的介绍。因此，首先应考虑力的平衡。

在多个力同时作用于物体时，物体既不进行平移运动（移动）[*4]，也不进行旋转运动的状态在力学上属于"平衡状态"（图4）。在平衡状态下，施加在物体上的合力，由于相互抵消而变为0，所以该物体既不移动，也不旋转。

第2章　姿势控制的生物力学

**术语解释**

[*4] 平移运动（移动）
物体的运动可以分为平移运动和旋转运动。平移运动是指物体中的各点沿同一方向平行移动的运动，旋转运动是指物体围绕一条直线（中心轴）旋转的运动。力作用于物体时，物体会产生平移运动和旋转运动。

图3　作用于身体重心的重力

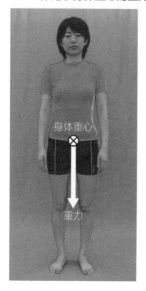

作用于身体重心的重力＝体重×重力加速度

图4　力平衡

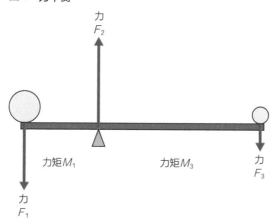

假设力 $F_1$、$F_2$、$F_3$ 作用于杠杆上，并且杠杆处于平衡状态。此时，$F_1$、

17

$F_2$、$F_3$相互抵消而变为0。$F_1$产生的力矩$M_1$和$F_3$产生的力矩$M_3$也相互抵消而变为0。由于$F_2$通过支点，因此力矩为0，所有力和力矩均达到了平衡，因此杠杆既不旋转、也不移动。

言归正传，再来说说站立。一直受到重力作用的身体能保持静止，意味着作用于身体的力处于平衡状态，即某种力与重力构成一对平衡力，所以身体不移动、不旋转，保持静止。那么，与重力相平衡的力是什么呢？答案是来自地面的反作用力。与地面接触的足底受到来自地面的支持力（地面反作用力）的作用，这个地面反作用力与重力达到了平衡，所以物体可以在地面上静止（图5）。

站立时，需要满足一定的力学条件才能使地面反作用力与重力相平衡。第一，地面反作用力贯穿重心，地面反作用力的作用线和重力线必须重合。如果不满足此条件，身体将进行旋转运动（图6a）。第二，地面反作用力与重力方向相反、大小相等。如果不满足此条件，身体将在竖直方向产生移动（图6b）。

只有满足上述力学条件身体才能在站立时保持静止。下面介绍的身体重心的控制，其也是在满足这些力学条件的基础上进行的。

图5 **重力与地面反作用力的平衡**

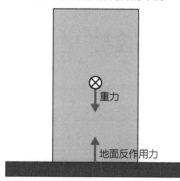

地面反作用力和重力相平衡，物体保持静止

图6 **不能保持静止站立而产生运动**

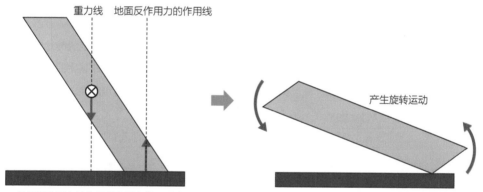

a 地面反作用力的作用线与重力线不重合

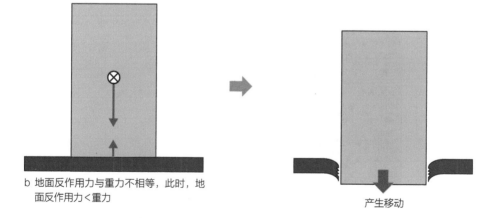

b 地面反作用力与重力不相等，此时，地面反作用力<重力

产生移动

19

# 3 对位、对线的变化和身体重心的控制

## 支撑基底面和身体重心

如果身体的一部分肢体运动，为了保持站立姿势，则身体的其余肢体也必须运动以满足重力和地面反作用力相平衡的力学条件。这里就相关的姿势控制进行介绍。

不仅是身体的站立姿势，为了使物体静止，如前所述，重力和地面反作用力必须处于平衡的状态。此时，地面反作用力的作用线和重力线在垂直线上重合。也就是说，地面反作用力的作用点位于身体重心正下方。由于地面反作用力的作用点只位于支撑基底面内，因此，可以说静止的物体是否稳定取决于施加在物体重心上的重力线是否落在支撑基底面内。站立时的支撑基底面指两足的足底面之间的面，如果重力线落在该面内，则可以稳定地站立（图7）。

在图1（第14页）的"拾起地面上的东西"的动作中，身体前屈时身体重心会向前方移动，重力线向足底面前方移动时就会跌倒。但是，如果跖屈踝关节或屈曲膝关节，重心就会相应地向后方移动。通过这样的对位变化，即使身体的前倾幅度变大，重力线也可能落在支撑基底面内。

图7　站立时的支撑基底面

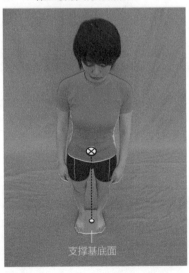

支撑基底面

站立时的支撑基底面指两足的足底面之间的面，如果重力线落在该面内，则可以稳定地站立

另外，要保持冠状面内单足站立时的平衡，重力线必须落在单足形成的狭窄基底面内。为此，必须移动重心以使身体重心位于单足的足底正上方。图8所示的单足站立都满足此条件，因此可以保持姿势不动。

图8　单足站立的平衡

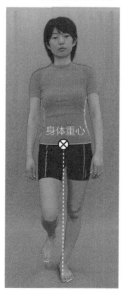

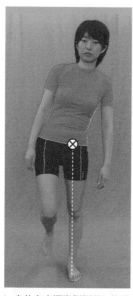

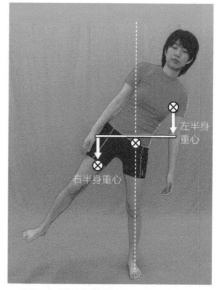

a 支撑脚的髋关节内旋，使身体重心向支撑基底面移动，保持站立平衡

b 身体向支撑脚侧侧屈，使重心向支撑脚侧偏移，身体重心向支撑基底面移动

c 身体向支撑脚侧大幅度侧屈，另一只脚向外侧张开，使以重力线为中心的左右两侧的合成重心相平衡，抵消左右力矩，保持姿势稳定

# 4 使身体重心移动的生物力学

## 地面反作用力和身体重心的移动

所有动作的本质任务都是身体重心的移动。如果不能使身体重心移动，就不能滚动，也不能侧卧。可以说，使身体重心移动的机理才是动作的本质机理。

为了使物体的重心移动，需要从物体外部施加作用力（外力）。无论身体内部如何产生力，身体重心的位置都不会改变（图9）。移动物体，只能靠外力。身体也一样，如果不施加外力，就不能使身体重心移动。如前所述，作用于身体的外力有重力和地面反作用力。因此，可以说身体重心移动的机理由重力和地面反作用力的变化决定。

图9　在宇宙空间中，无论身体内部如何产生力，身体
　　　重心的位置都不会改变

身体重心移动的机理，可以从重力和地面反作用力的关系的角度思考。如果要改变物体的重心，就必须使用外力。在不从外部推或拉的情况下，需要什么样的力学操作才能使重心移动？

首先，对身体重心上下移动的机理进行解释。如"静止姿势的生物机理"一节（第16页～第19页）所述，在静止状态下重力和地面反作用力处

于平衡状态（图5）。破坏这两个力的平衡是使物体移动的机理。重力是竖直向下拉身体重心的力，地面反作用力是竖直向上推身体重心的力。

增大向下的力时身体重心下移，增大向上的力时身体重心上升，重力和地面反作用力失去平衡。但是，重力是恒值，不能改变大小。因此，只能改变地面反作用力的大小以破坏力的平衡，使身体重心上下移动。若要增大或减小地面反作用力，只需增大或减小挤压地面的力即可（图10）。

为了使重心向前、后、左、右移动，需要进行怎样的力学控制呢？使物体向前、后、左、右移动的力是旋转力。若要使重心向前、后、左、右移动，只需使物体向目标方向旋转即可（图11）。

图10　**身体重心的上下移动和地面反作用力的关系**

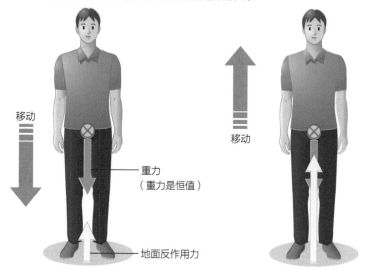

移动

重力
（重力是恒值）

地面反作用力

重力＞地面反作用力　　　　　　　　　重力＜地面反作用力

改变地面反作用力的大小以破坏力的平衡，使身体重心上下移动。若要增大或减小地面反作用力，只需增大或减小挤压地面的力即可

图11　**重心移动所需的旋转运动**

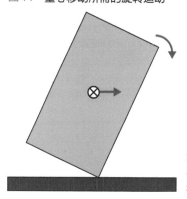

若要使重心向前、后、左、右移动，只需使物体向想移动的方向旋转即可

在站立时，为了使重心向左右移动，必须让身体向移动侧旋转以使重力和地面反作用力的平衡发生变化。例如，重心向右侧移动时（图12a），由于身体向右旋转，因此，重力线必须位于地面反作用力的作用线的右侧。但是，重力是作用于重心的力，其作用位置无法改变。因此，要使身体向右旋转，只需改变地面反作用力的作用位置，即地面反作用力的作用点向重力线左侧移动，如图12a所示。相反，要使重心向左侧移动，只需将地面反作用力的作用点向重力线的右侧移动（图12b）。

同样，要使物体的重心向前移动，只需将地面反作用力的作用点向后移动；要使重心向后移动，只需将地面反作用力的作用点向前移动。

要移动身体重心，只能改变地面反作用力的大小和地面反作用力的作用位置。为了完成动作，必须适当地调整地面的作用点来控制地面反作用力，所以说地面反作用力的控制本身就是动作实现的能力。

图12　重心向左右移动

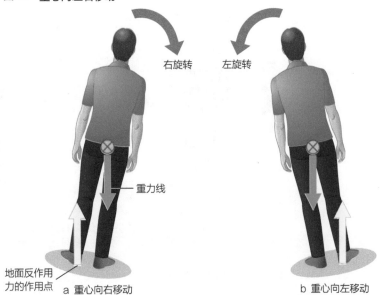

右旋转　　左旋转

重力线

地面反作用
力的作用点　　a 重心向右移动　　　　　　　　　　　　　　b 重心向左移动

由于力具有使物体旋转的作用，因此如果重力和地面反作用力的作用线不重合，身体就会旋转。要旋转物体，只需将地面反作用力的作用位置，即地面反作用力的作用点与重力线错开即可

# 5 重心控制和髋关节的两侧性运动

## 髋关节的发动机作用

为了完成动作，必须控制地面反作用力的大小和地面反作用力的作用点。那么，在实际的动作中，如何控制地面反作用力呢？

在站起、坐下、上下楼梯、侧步和步行等动作中，为了使身体重心向上下、左右、前后方向加减速度，就必须控制地面反作用力。髋关节在控制地面反作用力中起主要作用，可以说髋关节是移动身体重心的引擎。

例如，为了使身体重心从两脚中间向右侧移动，就要使左侧髋关节外展肌运动并从侧面推压地面。结果，地面反作用力的作用点向左侧移动，重力和地面反作用力的平衡被破坏（图13）。地面反作用力的作用点位于身体重心左侧时，身体向右旋转，该旋转力使身体重心向右侧移动。

图13 使用髋关节的身体重心的侧移

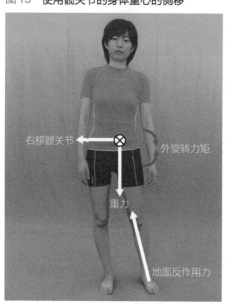

右移髋关节
外旋转力矩
重力
地面反作用力

此时，身体重心产生的加速度的大小由地面反作用力的作用点与重力线之间的距离决定，地面反作用力的作用点离重力线越远，身体重心产生的加速度就越大。由于使地面反作用力的作用点移动的是髋关节外展肌，因此，可以说身体重心的加速度由髋关节外展肌产生的力决定。

> **补充** 为什么地面反作用力的作用点离重力线越远，重心产生的加速度就越大？
>
> 为了对此进行说明，必须对"由什么决定物体旋转动量？"进行解释。表示"旋转动量"的物理量称为角动量，是物体重量（$m$）乘以旋转半径（$r$）和旋转速度（$v$）的值。即物体重量、旋转半径、旋转速度越大，旋转动量就越大。身体旋转时的旋转半径是指从身体重心垂直地面的下垂线（重力线）与地面反作用力的作用点之间的距离。因此，地面反作用力的作用点离身体重心越远，旋转半径就越大，身体的旋转动量也就越大。
>
> 另外，一般来说，地面反作用力从作用点指向身体重心。因此，当地面反作用力的作用点远离身体重心时，地面反作用力的倾斜程度也增大。实际上，该地面反作用力的倾斜程度与身体重心在水平面内的加速度大小呈正相关。因此，地面反作用力越向侧面倾斜，身体重心向侧面推压的力就越大，身体重心向侧面的加速度也就越大。

为了使重心移动以防止跌倒，必须对身体重心的加速度施加制动。为此，必须迈步至能使身体重心加速度被抵消的位置，即在适当的位置形成新的支撑面。例如，当移动一侧脚并使身体重心发生改变时，必须将另一侧脚向身体重心移动的方向迈出，以在适当的位置形成新的支撑面。

为了对加速的身体重心进行制动，需要在与身体重心的加速度相反的方向上产生大小相同的加速度。如前所述，身体重心的加速度由重力线与地面反作用力的作用点的距离决定。因此，若要制动身体重心加速度，只需使双腿分别受到的地面反作用力沿重力线成轴对称即可（图14）。这对于重心控制来说是非常重要的机理。也就是说，两侧髋关节联合控制身体重心，重心移动的基本形式以髋关节的两侧运动为基础。

在步行和侧卧等动作中，也可以观察到两侧髋关节进行相反方向的运动以控制身体重心的现象。在步行周期中，两侧髋关节对称地向相反方向移动。一侧髋关节伸展时，对侧的髋关节屈曲，两侧髋关节在整个步行周期中从不向同一方向移动。

由于两侧髋关节以相同的速度向相反的方向移动，因此足跟着地时身体重心可以在左右脚的着地位置之间等距离排列。根据雷德芬关于髋关节的两侧性运动的说法，控制着地位置的机理是中枢神经系统的较低级别的程序控制，可能会根据站立侧的感觉输入控制摆动侧脚的位置[1]。

步行周期中髋关节运动的相反性也体现在肌肉运动中。当一侧下肢的髋关节伸展肌群运动时，另一侧下肢的髋关节屈曲肌群运动。另外，伸肌和屈肌产生的力矩被控制在相同范围内。髋关节伸肌和屈肌的相对力矩在保持骨盆以上身体部分的直立状态中起着重要作用（图15）。

图14　地面反作用力作用点的位置

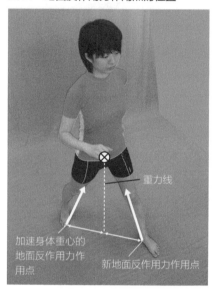

重力线

加速身体重心的地面反作用力作用点

新地面反作用力作用点

图15　步行中两侧髋关节力矩与身体力矩的平衡

骨盆以上身体

髋关节伸展力矩

髋关节屈曲力矩

当肌肉收缩时，其张力会同时作用于起点和止点。因此，髋关节伸肌——臀大肌的张力在使髋关节伸展的同时使骨盆后倾。同样，髋关节屈肌——髂腰肌会同时使髋关节屈曲和骨盆前倾。结果髋关节屈伸力矩的反作用导致骨盆倾斜，因此为了步行时骨盆不倾斜，需要左右髋关节的屈伸肌的肌力作为拮抗张力作用于骨盆，以抵消施加在骨盆上的力矩。所以，为了在保持身体直立状态的同时移动重心，髋关节的两侧性运动是必不可少的。

本章介绍了进行动作分析时不可缺少的"姿势控制的生物力学"。第3章～第6章将具体介绍基本动作"侧卧""起床""起立及坐下""步行"的具体分析。各章中除介绍了正常动作的机理外，还介绍了通过目测进行的动作分析，以及分析不能完成动作的原因的方法。

仅观察患者的运动并不能完成动作分析，还需要观察动作、进行临床推论、证明自己提出的假设、制定治疗方案等过程。本书在各基本动作中都介绍了可参考的知识，希望能对您在临床实践中进行动作分析起到帮助作用。

◎参考文献

[1] Mark S. Redfern: A model of foot placement during gait. J. Biomechanics 27 (11): 1339–1346, 1994.

# 第 **3** 章　侧卧动作的分析

# 1 侧卧动作的概述

## ▌侧卧动作运动模式的普遍特征

侧卧动作是从卧位开始改变姿势的第一个动作。侧卧动作的机理是起床和步行等基本动作机理的原型。婴幼儿先学会侧卧，然后逐渐学会起床和步行（McGraw, 1945: Touwen, 1976）[1, 2]。

图1是常用的侧卧动作运动模式。但是，没有功能障碍的健康成年人的侧卧运动模式是多种多样的，因此，很难定义侧卧动作的正常运动模式。

**图1　常用的侧卧动作运动模式**

虽然运动模式多种多样，但健康成年人的侧卧动作运动模式中存在某种普遍特征。其普遍特征为，脊柱的旋转运动导致肩胛带和骨盆带的旋转，即体轴内旋转（Bobath, 1978）[3]。

在健康成年人的侧卧动作中，从安静卧位开始通过肌肉收缩将身体各体节[*1]连接起来，从头部或其他部位开始的旋转运动不间断地延续至全身。其特征是为了不妨碍身体的旋转运动，身体的所有体节都运动。

### 术语解释

**[*1] 体节**

在生物力学中，人体用刚体连接模型表示，该模型中通过关节连接刚体（不变形的块状）。刚体表示的部分称为段或体节。人体用多少体节表示取决于分析身体运动的精细程度。在粗略地分析身体运动时，多将身体分为头部、躯干、两上臂、两前臂、两手、两大腿、两小腿、两足等14个体节。当更详细地分析躯干的运动时，可将躯干分为躯干上部和躯干下部两部分或躯干上部、躯干下部、骨盆三部分。

| **补充** | **健康成年人侧卧动作的动作模式有哪些?** |
|---|---|
| | 其可分为以下类型。 |

| I.上肢动作模式的分类 | ①上方手臂伸至低于肩关节高度的位置的动作模式<br>②上方手臂伸至高于肩关节高度的位置的动作模式<br>③上方手臂按压面，然后再伸展的动作模式<br>④上方手臂按压面同时侧卧的动作模式 |
|---|---|
| II.头部、躯干动作模式的分类 | ①骨盆和肩胛带位置固定的动作模式<br>②骨盆先动的动作模式<br>③骨盆和肩胛带位置变化的动作模式<br>④肩胛带先动的动作模式 |
| III.下肢动作模式的分类 | ①两侧腿屈曲，从床上抬起的动作模式<br>②一侧腿屈曲，从床上抬起的动作模式<br>③一侧或两侧腿屈曲，按压床面的同时侧卧的动作模式<br>④一侧腿从支撑面抬起，利用腿的重量侧卧的动作模式<br>⑤两侧腿持续与支撑面接触，腿按压床面的部位发生变化的动作模式<br>⑥随着向侧卧位旋转，右脚或右大腿在左腿后面的动作模式 |

（摘引自 Randy R. Richter: Description of Adult Rolling Movements and Hypothesis of Developmental Sequences, PHYS THER. 69: 63-71. 1989.）

## 侧卧动作的伸展旋转模式和屈曲旋转模式

　　侧卧动作有着各种各样的运动模式，但按照体轴内旋转情况大致区分时，可以分为利用躯干伸展进行旋转的运动模式（伸展旋转模式）和利用躯干屈曲进行旋转的运动模式（屈曲旋转模式）（图2）。

图2　伸展旋转模式和屈曲旋转模式

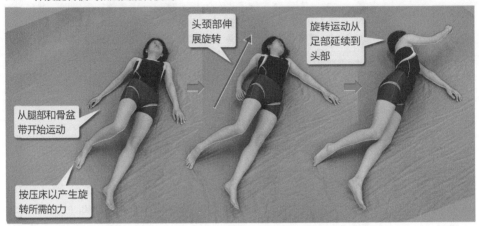

头颈部伸展旋转

旋转运动从足部延续到头部

从腿部和骨盆带开始运动

按压床以产生旋转所需的力

a　伸展旋转模式

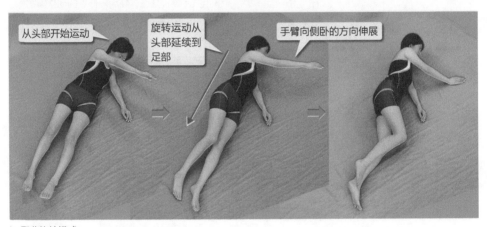

从头部开始运动

旋转运动从头部延续到足部

手臂向侧卧的方向伸展

b　屈曲旋转模式

　　伸展旋转模式（图2a）从腿部和骨盆带开始运动，旋转运动从足部延续至头部。此时，其特征是头颈部伸展旋转。在利用伸展旋转模式的侧卧动作中，用上方下肢（在向左侧侧卧时，用右下肢）按压床以产生旋转的驱动力，使身体旋转。由于在侧卧结束之前，必须使髋关节伸展并持续按压床，因此，如果髋关节没有适当的伸展运动范围和肌力就不能完成侧卧动作。髋关节伸展受限和肌力低下的患者，为了弥补下肢驱动力的不足，通过手拉床栏，或者事先使髋关节和膝关节屈曲，来代偿髋关节伸展运动范围的不足，如同下肢持续按压地面一样（图3）。

图3　髋关节伸展受限的患者使用的代偿模式

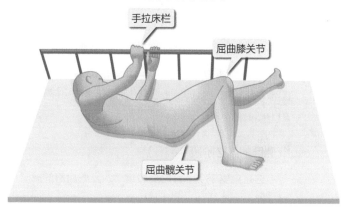

手拉床栏

屈曲膝关节

屈曲髋关节

　　屈曲旋转模式（图2b）从头部开始，旋转运动从头部延续到足部。其特征是，在开始动作之前，头颈部略微屈曲并向侧卧侧旋转。在使用屈曲旋转模式做侧卧动作时，上方手臂向侧卧方向伸展。上方下肢在动作的前半部分按压床，动作的后半部分不按压床。其特征是，在动作的后半部分，躯干的屈曲旋转作用发生转变，肩胛带和骨盆带的旋转运动出现逆转现象（参照第46页的"躯干下部的体轴内旋转"）。

　　由此，侧卧动作的运动模式大致可分为伸展旋转模式和屈曲旋转模式。如果只考虑侧卧这一动作，则使用哪种模式都可以。但是，为了使侧卧动作与起床动作连贯，必须使用屈曲旋转模式进行侧卧。只能通过伸展旋转模式进行侧卧的患者，无法顺利地完成起床动作。

　　因此，在侧卧动作的分析中有必要让患者以屈曲旋转模式侧卧，分析其完成动作的机理。同样，在治疗中重要的是如何通过屈曲旋转模式帮助患者完成侧卧动作。接下来对屈曲旋转模式的侧卧动作所需的机理进行解释。

---

**补充　为什么屈曲旋转模式很重要？**

　　起床动作是包含侧卧等动作在内的多运动要素动作。为了从仰卧位顺利地起床，必须屈曲旋转躯干。起床动作前半部分的顺序与屈曲旋转模式的侧卧动作相同。因此，大部分只能使用伸展旋转模式进行侧卧的患者难以完成起床动作。这一点将在第4章（第84页的"起床动作运动模式的普遍特征"）中进行解释。

### ❖ 侧卧的第1阶段（图4）

这是指头颈部略微屈曲与旋转直到上方肩胛带前伸、上肢前伸的阶段。侧卧的第1阶段始于头颈部。头颈部的屈曲旋转（必需的动作机理：头颈部的控制）在开始动作之前便已进行。头颈部屈曲旋转之后，上方肩胛带在胸廓面上前伸，上肢向侧卧侧前伸（必需的动作机理：肩胛骨前伸和上肢前伸）。

### ❖ 侧卧的第2阶段（图5）

这是指躯干上部开始旋转运动、上方肩膀伸展至与下方肩膀对线的阶段。在肩胛骨前伸、上肢前伸后，胸椎、腰椎分别依次旋转，沿体轴旋转的躯干上部向侧卧侧旋转（必需的动作机理：体轴内旋转）。从胸椎开始旋转的时候开始，下肢就开始控制支撑面以将身体重心移至侧卧侧（必需的动作机理：重心移动）。在体轴旋转中，躯干上部先转动，接着躯干下部转动。

### ❖ 侧卧的第3阶段（图6）

这是指躯干上部旋转后，躯干下部开始旋转至侧卧的阶段。第3阶段的体轴内旋转与第2阶段的旋转模式不同。一方面，在第2阶段的体轴内旋转中，躯干上部相对于固定的躯干下部旋转。另一方面，在第3阶段中，旋转方向逆转，躯干下部相对于固定的躯干上部旋转。由于旋转运动的逆转，躯干下部紧接着先开始旋转的躯干上部进行旋转，完成侧卧。

该运动可以认为是调正反应（righting reaction）或连锁反应（chain reaction），其中一个体节发生运动后，相邻体节会跟随上一体节活动并试图调正扭转或倾斜。在侧卧动作中，通过相对于先发生运动的头部的躯干上部的调正和相对于躯干上部的躯干下部的调正，动作得以实现。

图4 第1阶段

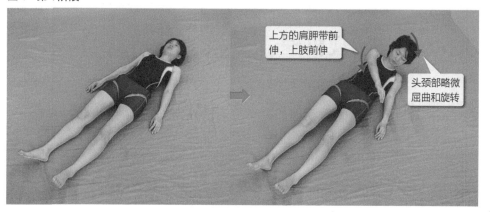

上方的肩胛带前伸，上肢前伸

头颈部略微屈曲和旋转

图5 第2阶段

躯干上部开始旋转运动

上肩与下肩对线

图6 第3阶段

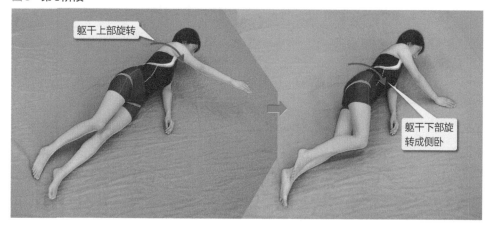

躯干上部旋转

躯干下部旋转成侧卧

# 2 动作实现机理

**术语解释**

*2 **姿势肌紧张**

肌肉即使在完全放松的状态下仍保持轻度紧张。因此，当肌肉被动运动时，可以感觉到一定的阻力。这种对肌肉伸展的被动阻力，以及肌肉持续持有的一定紧张状态称为肌肉紧张。

肌肉的紧张程度在改变姿势时会自动变化。这意味着对于身体受到的重力作用，肌肉保持一定的准备状态，并具有可以进一步改变的紧张幅度。通过姿势控制肌肉的紧张程度，可以在重力影响下保持姿势或运动。这种为了适应重力，根据姿势变化的肌肉紧张称为姿势肌紧张。

在前文的"侧卧动作的概述"中，介绍了侧卧动作分为3个阶段。在此，分别说明使各阶段动作得以实现的机理。理解动作的机理有助于推断不能正常完成动作的原因。

## 头颈部的控制

基本身体运动从头颈部开始。头部和颈部的位置关系由上颈椎$C_1$~$C_3$的关节、韧带、颈部肌肉的纺锤体等受体监测，并且四肢的姿势肌紧张*2程度基于该信息发生变化。在身体活动之前开始的头颈部运动称为头颈部控制（head control）。头颈部的屈曲会提高以腹肌为主的躯干前侧肌的紧张程度，相反，头颈部的伸展会提高以背肌为主的躯干后侧肌的紧张程度。

在侧卧动作中，会在开始动作之前发生头颈部的屈曲和向侧卧侧的旋转（参照第35页图4）。头颈部的屈曲程度并不是很大，头部略微从床面抬起或不抬起。但是，由于头颈部的屈曲，腹肌和髋关节屈肌等躯干前侧肌的紧张程度升高，所以屈曲旋转模式的侧卧得以实现。

影响姿势肌紧张程度的头颈部控制由上颈椎的运动引起。因此，使用屈曲旋转模式进行侧卧的要点是使上颈椎屈曲（图7a）。在上颈椎伸展、下颈椎屈曲的运动中，背肌的紧张占优势，腹肌的紧张程度难以提高（图7b）。

**图7　头颈部的控制**

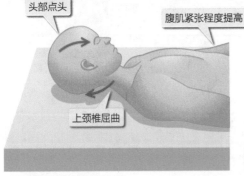

a 上颈椎屈曲的状态

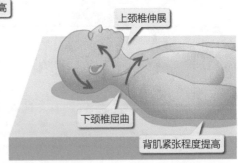

b 上颈椎伸展的状态

在上颈椎的屈曲中起重要作用的肌肉是颈部深层的始于颈椎横突前结

节的头长肌、颈长肌等椎前肌群（图8）。另外，胸锁乳突肌虽然是颈椎强有力的屈肌，但为了使上颈椎伸展，在屈曲旋转模式的侧卧中并不是主动肌。

## 解剖检查！ 上颈椎的屈肌群

### ● 颈长肌（图8）

颈长肌在头部控制的颈部屈曲中起着重要作用。颈长肌分为垂直束（连接第2~第4颈椎体前方和第5颈椎~第3胸椎的椎体前方）、上斜束（连接寰椎前结节和第3~第5颈椎的横突前结节）、下斜束（连接第5~第6颈椎的横突前结节和第1~第3胸椎体前方）。通过这些纤维部，颈椎可以分节性地从上颈椎向下颈椎进行屈曲运动。

另外，颈长肌的上斜束与前斜角肌的肌纤维聚集，附着在第1肋骨上。颈长肌产生的头部抗重力屈曲作用与前斜角肌协调运动，传递到胸廓前面部分，使头部和胸廓相连。但不伴随颈长肌收缩的斜角肌收缩只会使下颈椎屈曲，导致颈椎过度伸展。

### ● 头长肌

头长肌在头部屈曲中起着重要的作用。头长肌附着于枕骨底部，移行至第3~第6颈椎的横突前结节。克服重力屈曲头颈部时，如果头部重量过重，则不能通过下拉下巴来屈曲头部。头长肌的作用是在颈长肌起作用之前使头部和上颈椎向屈曲方向运动。

### ● 舌骨肌群（图9）

与吞咽等动作有关的颈部的前部肌群，由于位于远离颈椎的位置，因此具有较长的杠杆臂，使头部相对于颈椎屈曲。当附着在下颌骨和舌骨上的舌骨上肌群（下颌舌骨肌和前方的二腹肌）和附着在舌骨和胸骨上的舌骨下肌群（胸骨舌骨肌、胸骨甲状肌、肩胛舌骨肌）协调发挥作用时，舌骨就会牵引下颌骨至胸骨。当舌骨下肌群使舌骨向下，舌骨上肌群牵引下颌骨至舌骨时，如果咬肌和颞肌的收缩将下颌骨固定在颞骨上，则颈椎以上的头部屈曲，同时减少颈椎前屈。

颈长肌和头长肌无力的病患通常使用舌骨肌群进行代偿。但是，舌骨肌群导致的颈部屈曲与吞咽障碍和异常的头颈部屈曲运动有关。

图8　椎前肌群

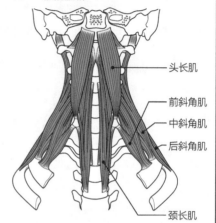

- 头长肌
- 前斜角肌
- 中斜角肌
- 后斜角肌
- 颈长肌

在上颈椎的屈曲中起重要作用的肌肉是起于颈椎横突前结节的头长肌、颈长肌等颈部深层椎前肌群

图9　舌骨肌群

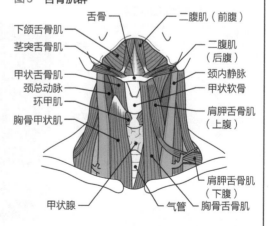

- 舌骨
- 下颌舌骨肌
- 茎突舌骨肌
- 甲状舌骨肌
- 颈总动脉
- 环甲肌
- 胸骨甲状肌
- 二腹肌（前腹）
- 二腹肌（后腹）
- 颈内静脉
- 甲状软骨
- 肩胛舌骨肌（上腹）
- 肩胛舌骨肌（下腹）
- 甲状腺
- 气管
- 胸骨舌骨肌

## 肩胛骨前伸与上肢前伸

### ❖ 肩胛骨前伸

由于肩膀在身体一侧突出，因此，在侧卧动作中，肩膀会成为身体旋转运动的阻碍因素。因此，除非肩胛骨可以前伸，否则躯干上部无法旋转，无法完成侧卧动作（图10）。

在侧卧动作的第1阶段中，在躯干上部开始旋转之前，上方肩胛带（向左侧侧卧时为右侧肩胛带）向侧卧侧伸展以使肩胛骨前伸（图11）。

图10　旋转运动的阻碍因素

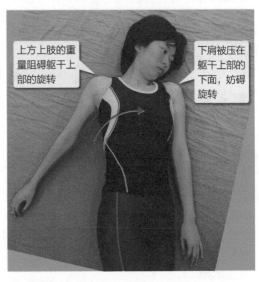

图11　肩胛骨前伸和上肢前伸

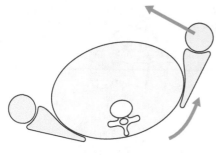

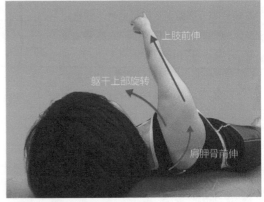

如果上方的肩胛骨不前伸，上肢就会下垂在体侧。下垂的上肢成为阻碍侧卧的重量，也成为阻碍躯干上部旋转的最大因素（参照第54页图31a）。

在侧卧的第1阶段中，肩胛骨的前伸由前锯肌的运动引起。此时，作为支撑上肢重量并使其保持姿势的基础，肩胛骨还需要具有稳定性。为了使肩胛骨稳定在胸廓上，除前锯肌外，还需要斜方肌中部纤维的作用（图12）。

---

## 解剖检查！ 稳定肩胛骨所需的肌肉

### ●前锯肌和斜方肌（图12）

前锯肌和斜方肌中部纤维具有从正面和背面夹住肩胛骨的同时产生拮抗力，进而使肩胛骨稳定的作用。具体来说，前锯肌向前方牵拉肩胛骨，斜方肌中部纤维向后方牵拉肩胛骨，这两块肌肉的合力将肩胛骨压在胸廓上并使其稳定（图13）。在肩胛骨向前移动、前锯肌使肩胛骨前伸期间，斜方肌中部纤维同时比前锯肌稍弱地收缩。由此，肩胛骨可以在支撑上肢的重量的同时，稳定地在胸廓上向前移动。

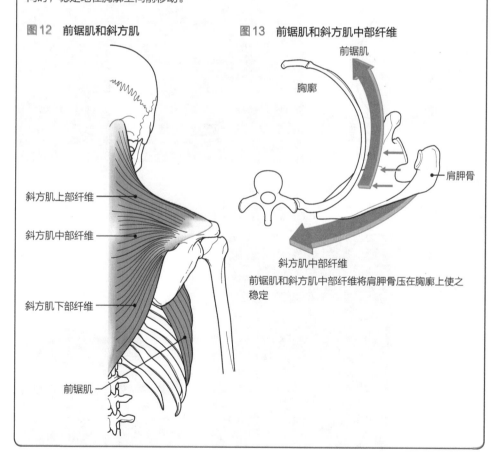

图12　前锯肌和斜方肌

斜方肌上部纤维
斜方肌中部纤维
斜方肌下部纤维
前锯肌

图13　前锯肌和斜方肌中部纤维

前锯肌
胸廓
肩胛骨
斜方肌中部纤维

前锯肌和斜方肌中部纤维将肩胛骨压在胸廓上使之稳定

**术语解释** 📖

\*3 **小鱼际**

小鱼际是小指根部隆起的部分。拇指根部有大鱼际。

在侧卧动作的第2阶段中，下方肩胛骨（向左侧侧卧时为左侧的肩胛骨）成为身体旋转的阻碍因素。因此，为了不阻碍侧卧动作，下方肩胛带也必须与上方肩胛带一样前伸（图14）。

另外，在下方肩胛骨不前伸，上肢被身体压在下面的情况下的侧卧动作，不仅阻碍身体的旋转，还会导致被压在下面的肩关节产生疼痛。下方上肢起支撑侧卧后的身体的作用。此时，小鱼际\*3按压支撑面，发挥支撑上肢重量的作用（图15）。

**图14 胸廓和下方肩胛骨的排列**

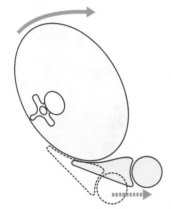

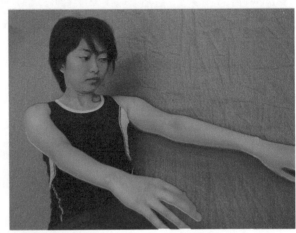

**图15 与支撑面相接的小鱼际**

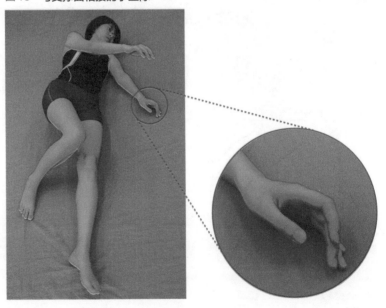

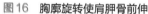
在第2阶段中的下方肩胛骨的前伸中，下方的前锯肌和上方的腹外斜肌作为主动肌[*4]发挥作用。在侧卧动作的第2阶段中，伴随着躯干上部旋转，躯干上部的重量向下方肩胛骨移动。由于下方肩胛骨压在床上形成支撑面的一部分，因此不能自由地使肩胛骨前伸。可通过上方的腹外斜肌在肩胛骨不动时使胸廓旋转以使肩胛骨前伸（图16）。

**图16　胸廓旋转使肩胛骨前伸**

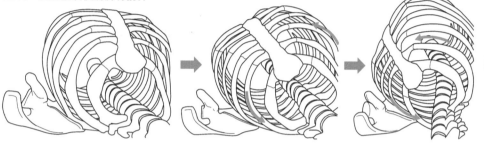

### ❖ 上肢前伸

在侧卧动作中，上肢前伸是引导运动方向的重要运动因素。先开始上肢前伸，随之躯干和下肢旋转。以侧卧动作为主，在起床动作和起立动作，甚至在步行时移动身体重心的动作中，上肢前伸都起着促进重心移动的作用。移动身体重心的动作和上肢前伸动作从表面看是完全不同性质的动作，但两者之间有很多共同点。

这种相似性反映了人体为适应从四足爬行向二足步行过渡的变化，控制步行运动的脊髓固有神经回路[*5]向控制前伸的神经回路网相应地变化。上肢前伸后，体轴内旋转随之发生，或引起髋关节的两侧性运动，若上肢不能前伸将对身体重心移动产生显著影响。

为了完成上肢前伸，需要保障肩关节的运动性和稳定性。肩关节是由盂肱关节、胸锁关节、肩锁关节、肩胛胸壁关节、肩峰下关节组成的集合体（图17），如果这些关节的运动不协调，就不能在功能解剖学上引起合理的运动。关节之间的协调不畅会导致肩痛或运动范围受限。

**术语解释**

**\*5 脊髓固有神经回路**

在颈髓和腰髓的膨大部位，存在称为中枢模式发生器（central pattern generator，CPG）的脊髓内神经元群。其作用不仅包括决定四肢移动方式的基本节奏，还可以决定参与活动的肌群的运动模式。一般认为，多个脊髓内神经元的回路网的相互作用可以提供模式化的步行运动输出。CPG被定义为"在没有感觉输入和上中枢神经指令的情况下，生成周期性运动模式的神经回路网"。

## 解剖检查！ 肩关节

### ●肩关节（图17）

肩关节由3个解剖学关节和2个功能性关节（虽然没有解剖学关节结构，但相邻骨和骨之间具有运动性的部位称为功能性关节）共计5个关节构成，这些关节相互关联，维持上肢的运动，称为肩关节复合体。

构成肩关节复合体的解剖学关节有盂肱关节、肩锁关节、胸锁关节；功能性关节有肩峰下关节、肩胛胸壁关节。

**图17　肩关节**

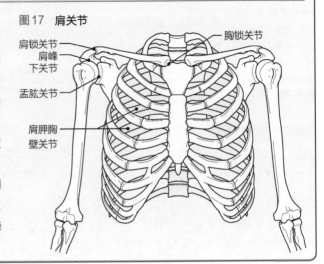

肩锁关节
肩峰下关节
盂肱关节
肩胛胸壁关节
胸锁关节

为了使肩关节复合体在其整个运动范围内运动，肩肱节律是必不可少的（Codman, 1934; Cailliet, 1980）[4, 5]。关于肩肱节律中肱骨与肩胛骨的比例存在不同的观点。 在公认的肩肱节律中，上肢在不超过90°的上举（肩关节屈曲或外展）时，肱骨的运动和肩胛骨上回旋的运动比为2：1；超过90°后，运动比相反，变为1：2（图18）。虽然正常人没有特别的感觉，但该比例能使上肢抬起或下垂。若打破肩肱节律且肱骨和肩胛骨不联动，那么上肢就不能上举。

**图18　肩肱节律**

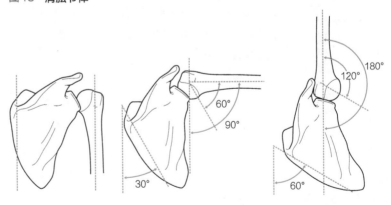

肱骨随着肩关节的上提而向外部旋转的运动也是上肢上举的必不可少的运动元素。肱骨随着上肢的上举而旋转，防止大结节与肩峰突起碰撞（图19）。当肱骨向内旋转时，由于大结节与喙肩韧带碰撞，不能进行60°以上的外旋。伴随上肢上举的肱骨外旋，需要肱骨头在肩关节盂内部向下滑动。

图19　随着上肢上举的肱骨外旋

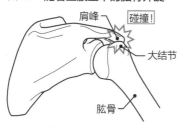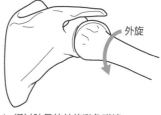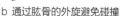

a　肱骨不外旋会导致碰撞　　　　　　b　通过肱骨的外旋避免碰撞

## 体轴内旋转

### ❖ 躯干上部的体轴内旋转

肩胛带前伸之后，脊柱的旋转从躯干上部向躯干下部、头部、足部方向延续。该旋转运动分节地、延续地在体轴内扭转躯干。体轴内发生的旋转运动称为"体轴内旋转"。体轴内旋转主要发生在胸椎，主动肌为上方的（向左侧卧时为右侧）腹外斜肌和下方的（向左侧卧时左侧）腹内斜肌（图20）。

图20　躯干上部的体轴内旋转

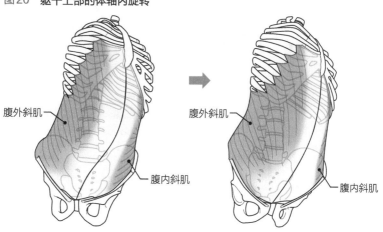

为了在侧卧动作中顺利地旋转胸椎，必须先进行肩胛骨前伸。前面已经说过，如果上方肩胛骨不前伸，上肢就会向体侧下垂，成为阻碍侧卧的重量。另外，胸椎旋转也需要肋骨的运动。肋骨的运动受到跨越肋间肌和肋骨而附着的肌群（前锯肌、胸小肌、胸大肌、最长肌、髂肋肌、背阔肌、腹外斜肌、腹直肌、横膈膜等）的伸展性的影响。如果这些肌群的伸展性降低，肋骨间的运动性就会降低，导致胸椎的运动受限。

另外，为了克服重力从仰卧位屈曲旋转躯干，需要通过肌肉连接骨盆和下肢（图21）。从仰卧位姿势开始使躯干屈曲旋转时，头部、上方肩胛带、胸廓从支撑面抬起。此时，为了从支撑面抬起身体，需要提供基础的"重量"体节。"重量"体节位于抬起的体节和身体重心之间的对角线上，必须提供比抬起的体节更大的力矩。

当侧卧和起床时，骨盆是躯干旋转的"重量"体节，但仅靠骨盆的重量无法支撑头部、上方肩胛带及胸廓。当骨盆和下侧下肢由肌肉连接时，支撑抬高的身体部分基座的重量是下肢和骨盆的重量之和，因此能够充分支撑抬高的身体部分。连接骨盆和下肢的肌肉是股直肌和长收肌（图22）。这些肌肉通过头颈部的轻微屈曲增加前侧躯干肌肉的张力，对从仰卧位开始的抗重力屈曲运动具有重要的作用。

**图21　躯干屈曲旋转所需的骨盆和下肢的连接**

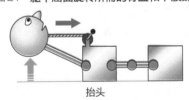

抬头

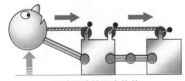

用腹肌连接两个体节

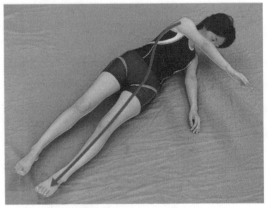

实际上，必须连接用红色箭头表示的肌肉

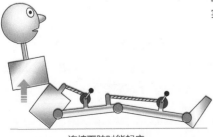

连接下肢时能起床

● **股直肌和长收肌**（图22）

躯干由于腹外斜肌和腹内斜肌的作用而旋转。此时，由于仅靠骨盆无法支撑躯干的重量，因此必须用肌肉连接骨盆和下肢。在侧卧时，在下侧下肢前方移行的以下肌肉起着连接骨盆和下肢的作用。

• **股直肌**

起点：由两块组成，分别始于髂前下棘和髋臼上缘。

止点：在髌骨上方移至股四头肌的共同肌腱，附着于髌骨，借髌骨韧带止于胫骨上端前面的胫骨粗隆。

作用：这两块关节肌具有屈曲髋关节和伸展膝关节的作用，是膝关节伸展的同时屈曲髋关节的主动肌。股直肌与腹直肌由筋膜连接，在仰卧位躯干下部屈曲时与腹肌协调运动，使整个下肢略微抬起。由此，提供用于平衡躯干重量导致的力矩的"重量"体节。另外，在站立时，股直肌具有使骨盆前倾的作用。

• **长收肌**

起点：始于耻骨结节下方。

止点：止于股骨粗线的中1/3处。

作用：除使髋关节内旋外，还可以在股骨固定时，使对侧骨盆下降。另外，从长收肌起止点的位置关系来看，当髋关节处于70°以下的屈曲位时，它具有使髋关节屈曲的作用；当髋关节处于70°以上的屈曲位时，它具有使髋关节伸展的作用。在从仰卧位起床时，长收肌的髋关节屈曲作用与股直肌协调地使大腿从地面抬起，提供与躯干相平衡的"重量"体节。长收肌与腹直肌、腹内斜肌由筋膜连接，在伴随躯体活动时具有增强连接骨盆和下肢的作用。

图22 股直肌和长收肌

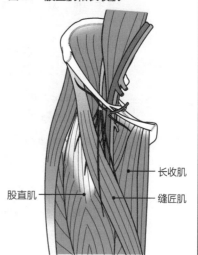

长收肌

股直肌

缝匠肌

## ❖躯干下部的体轴内旋转

侧卧的第1阶段到第2阶段，从头部的屈曲旋转运动开始，然后向躯干上部、躯干下部及足部方向延续。但是，只通过头尾延续的屈曲旋转运动来完成侧卧时，由于头部会完全旋转，只引发躯干上部旋转，躯干下部旋转不充分，进而导致无法完成侧卧（图23a）。因此完成侧卧需要躯干下部随着躯干上部的旋转运动而进行旋转运动（图23b）。

该运动的机理如图24所示。将侧卧动作简化后，第2阶段是躯干上部相对于固定的躯干下部的运动（图24a）。躯干上部旋转到一定程度后，固定和运动的部位发生逆转。在第3阶段中，停止躯干上部的运动，旋转躯干下部，躯干下部相对于躯干上部像复原一样运动，完成侧卧（图24b）。

由此，在侧卧的第2阶段→第3阶段中，为了使躯干下部旋转，发生了体轴内旋转的切换。在第3阶段中，由于躯干下部相对于固定的躯干上部发生旋转运动，因此体轴内的旋转恢复中立位。

**图23 侧卧位所需的旋转**

 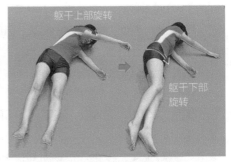

a 躯干上部持续旋转时，躯干下部无法完全旋转，无法完成侧卧

b 躯干上部停止旋转，躯干下部开始旋转，完成侧卧

**图24 体轴内旋转的切换**

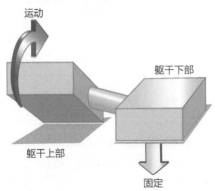 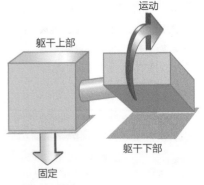

a 侧卧第2阶段
躯干上部相对于固定的躯干下部旋转

b 侧卧第3阶段
躯干下部相对于固定的躯干上部旋转

侧卧的第2阶段中的体轴内旋转由上方的腹外斜肌和下方的腹内斜肌完成。此时，固定部位为躯干下部，运动部位为躯干上部。腹斜肌群像躯干上部相对于固定的躯干下部屈曲旋转那样，向头尾方向拉伸体节而收缩。因此，上方的腹外斜肌稍早开始运动，下方的腹内斜肌稍晚开始运动。另外，在第3阶段中，腹斜肌群的动作对发生逆转，转换为上方的腹内斜肌和下方的腹外斜肌的动作对（图25和图26）。固定部位变成躯干上部，运动部位变成躯干下部。通过该动作对切换，可以使躯干下部相对于固定的躯干上部进行旋转。

　　腹斜肌群的收缩就像从足侧向头侧方向拉伸体节一样，上方的腹内斜肌稍早开始运动，下方的腹外斜肌稍晚开始运动。

图25　腹斜肌群的动作对的切换

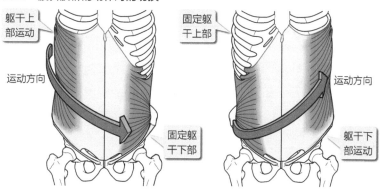

躯干上部运动　　　固定躯干上部

运动方向　　　运动方向

固定躯干下部　　　躯干下部运动

图26　第2阶段→第3阶段→侧卧位的流程

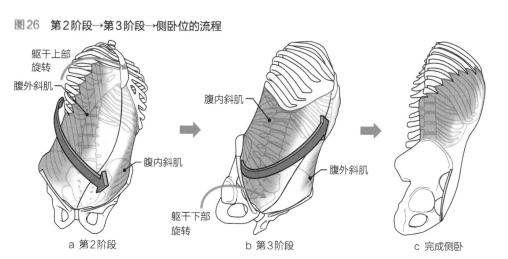

躯干上部旋转
腹外斜肌
腹内斜肌
腹内斜肌
腹外斜肌
躯干下部旋转

a 第2阶段　　　　　b 第3阶段　　　　　c 完成侧卧

## 补充　侧卧的肌电图

根据肌电图（图27）所见，从解剖学的角度研究体轴内旋转的反向反应现象时，可以发现非常有趣的肌肉运动。在侧卧的第2阶段，躯干上部相对于躯干下部发生旋转运动时，上方的腹外斜肌和下方的腹内斜肌运动。在躯干上部停止旋转，躯干下部积极旋转的侧卧的第3阶段中，下方的腹外斜肌和上方的腹内斜肌运动。

如果留意肌肉运动开始的时间，会发现在第2阶段中上方的腹外斜肌和下方的腹内斜肌的运动顺序是，上方的腹外斜肌稍早开始运动，下方的腹内斜肌稍晚开始运动。在第3阶段中，上方的腹内斜肌稍早开始运动，下方的腹外斜肌稍晚开始运动。

此外，可以发现在躯干下部旋转时两侧背阔肌的加强运动。在上肢伸展、躯干上部旋转的情况下，当两侧的背阔肌收缩时，通过背阔肌的反向动作[*6]，躯干上部和躯干下部的扭转返回到原来的中立位置。从背阔肌的解剖学位置也可以推断，两侧背阔肌的同时收缩具有使体轴内产生扭转而恢复到原来状态的作用。

### 图27　侧卧动作时的表面肌电图

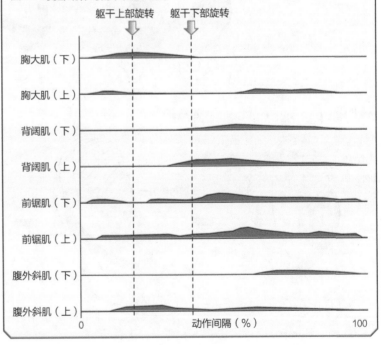

## ▋重心移动

　　侧卧动作是指在床上回旋身体的同时使身体重心向侧面移动的动作。身体重心的位置不移动就无法实现侧卧。侧卧动作和其他动作一样，使用两侧的下肢控制地面反作用力的作用点以产生使重心移动的原动力。

　　例如，为了向左侧侧卧，必须在将身体向左旋转的同时使身体重心向左侧移动。为此，需要将地面反作用力的作用点向右侧移动（参照第2章）。地面反作用力作用点的位置由身体与地面的接触面的压力分布情况决定。为了使地面反作用力的作用点向右侧移动，在用右侧下肢按压地面的同时要将左侧下肢从地面略微抬起。由此，用下肢控制地面时，接触面的压力分布偏向右侧，地面反作用力的作用点在重心的右侧起作用，使身体产生向左侧的旋转运动，身体重心的位置向左侧移动（图28）。此时，略微抬起的左下肢成为在对角线上的右肩胛带离开床向前伸的"重量"体节，因此躯干上部可以旋转。如果左下肢不抬起导致重量不够，则躯干上部不能旋转（图21）。

　　在侧卧的第3阶段，骨盆开始旋转，当身体向下侧的左下肢移动时，下肢的动作方式就会发生逆转。在此之前持续按压地面的右下肢离开地面，越过下侧下肢摆向身体前方。下侧的左下肢为了支撑体重而挤压地面，导致地面反作用力的作用点向身体重心的左侧移动，身体的旋转和身体重心的移动变慢。

**图28　侧卧所需的地面反作用力作用点的移动**

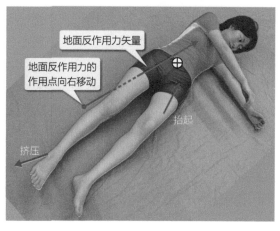

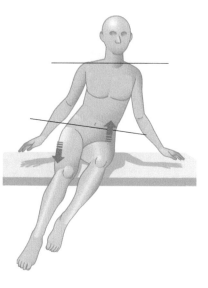

# 3 通过目测进行的动作分析

上文概述了侧卧动作及其动作机理，下文基于此，介绍通过目测进行动作要点分析的相关知识，并对观察结果进行解释说明。

## 动作整体特征的观察

让患者通过自身力量向左右两侧侧卧，观察其能否侧卧、动作模式、用力程度的差异。为了整体把握动作障碍，应根据观察到的结果，明确表1所示的项目。这些项目对于把握患者侧卧动作的特征很重要。侧卧动作是旋转运动延续到其他体节的运动，通过观察运动的开始体节、体节的旋转顺序可以了解患者的动作模式的整体情况。

**表1　通过动作观察应明确的项目**

- 运动从哪个体节开始？如何延续？
- 体轴内旋转的模式具体是什么？
- 哪个部位提供旋转力？
- 阻碍旋转的因素是什么？

在正常的侧卧动作中，头部先开始屈曲旋转，接着旋转运动延续到肩胛带、躯干上部、躯干下部。从头部开始的体轴内旋转是正常侧卧的必要因素。因此，在不能利用屈曲旋转模式进行侧卧时，即使采用其他模式能侧卧，也应该将其归为异常的侧卧动作。由于利用屈曲旋转模式的侧卧中包含了使基本动作得以实现的各种机理，因此不能进行屈曲旋转模式的侧卧，也可能阻碍完成其他基本动作。在侧卧动作的分析中，重要的是通过屈曲旋转模式探究患者无法侧卧的原因。

另外，为了顺利地侧卧，必须使所有的体节都向侧卧方向依次旋转，以不阻碍身体的旋转运动。观察动作时，还要找出妨碍旋转运动的体节和与旋转方向反向运动的体节。

在正常的侧卧动作中，通过髋关节的两侧性运动提供旋转运动的原动力，控制躯干的屈曲旋转运动，使躯干上部和躯干下部旋转。因此，不会发生过度使用上肢和下肢以牵拉或推动身体提供旋转力的运动。过度用力得以实现的运动是患者使用的代偿运动（参照第1章的第5页），意味着使动作得以实现的机理中存在异常。

仔细观察动作全过程，指导患者通过自身力量侧卧，观察其头部、上肢、肩胛带、躯干上部、躯干下部、下肢的运动。需观察的项目如下所示。

■ **观察动作全过程**

- 依靠自身力量是否可以左右侧卧？

- 如果可以侧卧，此侧卧动作是否可以在各种变化下进行？在任何环境下是否都能进行？速度是否合适？力度是否合适？

- 如果不可以侧卧，是从哪里开始停止了运动？

- 对哪个部位施以何种辅助才能侧卧？

- 为了完成侧卧，患者做了哪些代偿运动？

■ **观察头部和躯干**

- 运动从哪个部位开始？

- 头部的运动是伸展旋转，还是屈曲旋转？

- 头部是否可以在下颌闭合时屈曲并在运动过程中保持？

- 躯干的运动是伸展旋转、屈曲旋转，还是完全不旋转？

- 腹部被腹肌固定时，胸部是否可以抬起？

- 肩胛骨是否前伸？

- 上肢是否朝着翻倒的方向前伸？

- 从头部开始的运动是否延续至全身？

- 体轴内旋转运动是否充分？胸廓是否灵活地进行旋转运动？

- 腹斜肌运动是否充分？

- 骨盆是否完全旋转？

■ **观察四肢**

- 是否有肢体处于阻止身体旋转运动的位置？

- 上肢的姿势是否正确？是否过度按压地面或牵拉物体？另外，上肢是否处于阻碍身体旋转运动的位置？

- 下肢是否明显屈曲或旋转？

- 下肢是否为了不阻碍转动而旋转？

- 下肢对床的控制是否恰当？是否提供侧压力？

## 偏离正常动作模式的解释和推论

表2是临床上经常观察到的动作偏离正常顺序的问题。

### 表2　临床上观察到的问题

- 动作从头部以外的体节开始
- 头部运动偏离适当的屈曲旋转运动
- 上方上肢无法伸展
- 上方肩胛骨无法前伸
- 躯干偏离适当的屈曲旋转运动
- 下方上肢摆放在不适当位置
- 下肢不随着身体的旋转而运动，处于妨碍旋转的位置

这些问题的解释和推论大致如下。

### ❖ 动作从头部以外的体节开始时的解释和推论（图29）

动作从头部以外的体节开始，上肢和下肢偏离正常的顺序是为了弥补旋转力和运动范围的不足，使用上肢和下肢拉伸、推动躯干以产生旋转力。主要的推论是，关节运动范围受限和肌力不足，运动麻痹的影响导致：

　　①无法控制颈部的运动；

　　②关节的两侧性运动无法产生侧卧所需的旋转力；

　　③不发生体轴内旋转，旋转运动不延续至全身；

　　④有体节阻碍身体旋转；等等。

### 图29　动作从头部以外的体节开始

a 试图以下肢的重量使骨盆旋转　　　　　b 试图用上方下肢持续按压地面以使骨盆
　　　　　　　　　　　　　　　　　　　　　旋转

在头部被适当控制的侧卧动作中，头部略微从地面或床面抬起并向侧卧的方向旋转。如果头颈部的屈曲和旋转恰当，则脸部的方向与胸骨的方向基本重合或略微处于旋转的位置前方；并且颈部不会伸展，也不会过度屈曲或旋转。另外，颈部的侧屈程度是肉眼可看到的极小程度，不会出现程度大的侧屈。在不能使肩胛骨前伸和体轴内旋转，身体的旋转运动受到阻碍的情况下，可以看到患者试图通过颈部的过度屈曲和旋转来代偿的过度用力反应。

颈部伸展的原因是，侧卧动作采用伸展旋转模式或因过度用力、恐惧感导致枕下肌群过度紧张，或颈部深层屈肌群存在功能障碍等。由于头后大直肌、头后小直肌、头下斜肌、头上斜肌等枕下肌群具有伸展头部的作用，因此枕下肌群的过度紧张会阻碍头颈部屈曲。另外，在枕下肌群中，肌梭分布极其丰富（Cooper and Daniel, 1963）[6]，因此枕下肌群的过度紧张不仅会阻碍头颈部的屈曲，还会增加脊柱肌群的紧张程度，阻碍脊柱的灵活运动。

**图30　头部运动偏离适当的屈曲旋转运动**

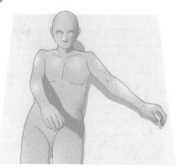

a 强调头颈部的旋转，不发生屈曲　　　　b 强调头颈部的屈曲，不发生旋转

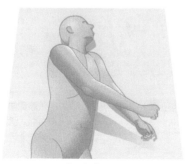

c 头颈部伸展旋转

在正常的侧卧动作中，上方上肢向前方伸展的同时随着肩胛骨的前伸进行水平旋转。肘部几乎全伸展，前臂旋前。手指保持自然的伸展位置，不紧握，也不用力伸展。正常的侧卧动作的特征应该是像引导侧卧动作一样，上方上肢向侧卧的方向前伸。

如果上方上肢无法前伸，肩胛骨的前伸和体轴内旋转就会受到阻碍。另外，由于上肢一直放置在身体一侧，因此会成为妨碍身体旋转的重量。

上肢无法前伸涉及的原因较多，包括运动麻痹和关节运动范围受限、过度用力导致的联合反应、肩胛骨周围肌群存在功能障碍导致的肩肱节律异常等。

此外，身体认知功能的异常（例如失认障碍）也可能导致上肢无法在动作发生之前前伸。

如果肩膀疼痛或运动范围受限，则应考虑异常的肌紧张或失衡的肌紧张导致肩关节复合体不再协调运动。脑卒中偏瘫患者的上肢屈曲占优势的痉挛模式使肱骨内旋，使肩胛骨下降、后缩。

在这类患者中，当上肢外展时，肩胛骨的旋转比正常情况下开始得晚，因此位于肩峰和肱骨头之间的组织夹在两根骨骼之间，机械性地被挤压。另外，在弛缓性瘫痪中发现的肩关节半脱位，继发性地导致关节的运动范围受限。

**图31　上方上肢无法伸展**

a 上方上肢放在身体一侧侧卧　　b 不能伸展上肢，手放在腹部上时　　c 上肢屈曲占优势的痉挛模式使肱
　　　　　　　　　　　　　　　　　　想要侧卧　　　　　　　　　　　　　骨内旋，使肩胛骨下降、后缩

肩胛骨的前伸不仅为上肢上举并保持奠定了基础，还具有使胸椎屈曲旋转的重要作用。肩胛骨无法前伸的主要原因是，该动作的主动肌——前锯肌存在功能障碍。另外，与前锯肌共同使肩胛骨稳定在胸壁上的斜方肌中部和下部纤维若存在功能障碍，也难以在上肢前伸的同时使肩胛骨前伸。

此外，在菱形肌和背阔肌过度收缩的情况下，由于这些肌肉会向后拉肩胛骨，因此肩胛骨的前伸受限。当患者尝试使用伸展旋转模式进行体轴内旋转时，菱形肌和背阔肌会过度收缩，肩胛骨会后缩。

另外，对于患有腹斜肌群功能障碍、躯干旋转运动范围受限或无法利用髋关节的两侧性运动的患者，可通过用侧卧侧的上肢拉扶手和床的边缘作为代偿运动以产生侧卧的旋转力。在使用这种代偿动作的侧卧动作中，产生的联合反应会导致上方上肢屈曲、肩胛骨后缩而不能前伸（图32a）。

肩胛骨的前伸也受胸廓的形状和肩锁关节、胸锁关节的运动性影响。由于肩胛骨沿着胸廓运动，因此胸廓形状扁平的患者无法使肩胛骨前伸，运动会转换为向上回旋和外展。在肩胛骨不能前伸，只发生向上回旋和外展运动时，患者无法有效地向前伸展上肢。这类患者代偿性地使用胸大肌进行肩关节水平内收，无法引发侧卧所需的躯干上部的旋转运动（图32b）。

**图32　上方肩胛骨无法前伸**

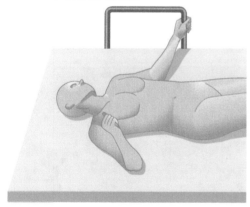 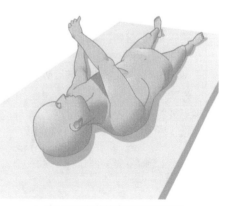

a 拉扶手的动作　　　　　　　　　　b 肩胛骨不前伸的肩关节水平内收

肩锁关节和胸锁关节的运动性降低也严重限制了胸廓上的肩胛骨运动。肩胛骨的前伸是肩锁关节和胸锁关节在水平面内的旋转共同导致的（图33）。肩胛骨前伸时，伴随着以胸锁关节为轴进行旋转的锁骨向前运动。此时，肩锁关节在水平面上的不同程度的调整，使肩胛骨沿着胸廓运动。因此，当肩锁关节和胸锁关节的运动性降低时，肩胛骨无法前伸。

图33　通过肩锁关节和胸锁关节调整肩胛骨的运动轨迹

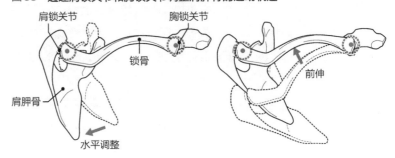

### ❖躯干偏离适当的屈曲旋转运动时的解释和推论（图34）

在正常的侧卧动作中，脊柱的旋转和屈曲角度被适当分配，四肢、躯干不会过度屈曲或伸展。当四肢和躯干的某个部位旋转不足时，才会增强屈伸运动以弥补旋转力的不足，可能的原因还包括胸椎旋转运动不足、腹斜肌群功能异常、上肢和下肢的某部位妨碍身体旋转等。

另外，在第3阶段中若患者不能利用腹斜肌运动，则会尝试使用背阔肌和腹直肌使躯干下部旋转，或用下肢按压床，或用下肢的重量使骨盆旋转，因此造成躯干的伸展、屈曲运动过度。

图34　躯干偏离适当的屈曲旋转运动

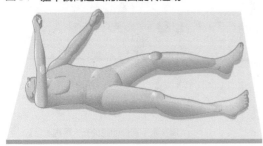

a 强调躯干伸展的侧卧

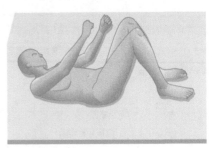

b 强调躯干的屈曲，旋转不足。患者屈曲下肢，尝试利用下肢的重量来获得旋转力

### ❖ 下方上肢摆放在不适当位置时的解释和推论（图35）

为了顺利地进行侧卧，必须将下方上肢摆放在不妨碍旋转的位置。在正常的侧卧动作中，下方上肢略微外旋，摆放在不妨碍躯干旋转、不被压在躯干下面的位置。此时，肘关节伸展，全部上肢与支撑面接触。前臂略微旋前，使小鱼际接触支撑面。下方上肢开始运动与上方上肢伸展的时间基本重合。

当下方肩胛骨因体轴内旋转而不能前伸，或存在下方上肢的运动、感觉麻痹或关节的运动受限制时，上肢将不能摆放在适当的位置。

图35　下方上肢没摆放在适当位置

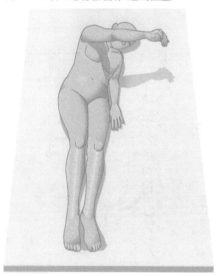 

a 下方上肢被压在躯干下面。下方肩胛骨未前伸，阻碍旋转，导致不能侧卧

b 下方肩部过度外展，上肢向侧方扩展，前臂旋后

### ❖ 下肢不随着身体的旋转而运动，处于妨碍旋转的位置（图36）

骨盆旋转时，上方髋关节屈曲，不向内旋方向移动，髋关节外旋，患者在外旋位时进行侧卧。因此，上方下肢可控制骨盆的旋转，阻碍侧卧动作。

偏瘫患者由于腹部的低紧张性，在侧卧时试图通过非瘫痪侧上肢和下肢的运动来完成动作，这种过度用力会导致瘫痪侧下肢产生联合反应，引起髋关节的屈曲、外展、外旋。另外，在股骨颈骨折等术后的患者中，或髋关节存在关节运动范围受限的情况下，患者也是在下肢摆放在妨碍身体旋转的位置时进行侧卧。

图36　下肢不随着身体的旋转而运动，阻碍旋转

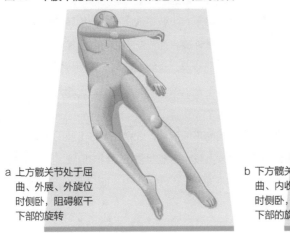

a 上方髋关节处于屈
曲、外展、外旋位
时侧卧，阻碍躯干
下部的旋转

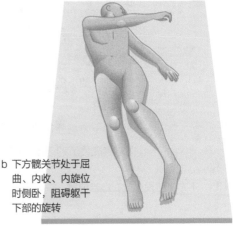

b 下方髋关节处于屈
曲、内收、内旋位
时侧卧，阻碍躯干
下部的旋转

**解剖检查！** 肩胛骨的运动

图37　肩胛骨

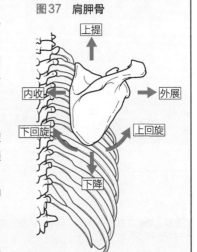

● **肩胛骨运动术语**（图37）

　　肩胛胸壁关节的运动是胸锁关节和肩锁关节运动产生的结果。肩胛骨在胸廓上可进行上提和下降、前伸和后缩（外展和内收）、上回旋和下回旋3种不同的运动。

・**上提和下降**

　　肩胛骨的上提和下降是由胸锁关节和肩锁关节产生的旋转运动组合而产生的。肩胛骨的上提是由胸锁关节产生的锁骨上提而产生的，因此肩胛骨的上提伴随着上回旋。但是，如果肩锁关节使肩胛骨下回旋的同时上提，则可以不使肩胛骨上回旋，而是垂直上提。

・**外展和内收**

　　肩胛骨的外展是指肩胛骨从脊柱向外侧偏离的运动，内收是指肩胛骨接近脊柱的运动。通常，肩胛骨的外展和内收与前伸和后缩含义相同。前伸是外展和上回旋的复合运动，是指上肢向前伸的运动。后缩是内收伴随下回旋的运动。在本书中，由于动作中肩胛骨的运动是伴随上肢向前伸的运动，因此不使用外展、内收，而使用前伸、后缩这种表达。

　　肩胛骨的外展主要是由于锁骨在胸锁关节的水平面上旋转而产生的。此时，肩锁关节的旋转程度取决于肩胛胸壁关节前伸的总运动量。

　　肩胛骨的内旋与外旋是相反的运动模式。

・**上回旋和下回旋**

　　肩胛骨的上回旋是由于胸锁关节的锁骨上提和肩胛骨在肩锁关节处的上回旋共同作用而产生的。肩胛骨上回旋是上肢上举时的重要动作。上肢上举时，由于肩胛骨上提，关节窝可以排列在支撑肱骨头使之稳定的位置。

　　肩胛骨的下回旋是由于锁骨在胸锁关节处下降，肩胛骨在肩锁关节处下回旋而产生的。肩胛骨的下回旋是在上肢从上举位再次回到体侧时产生的。

# 4 动作机理分析

通过对动作的观察，掌握动作障碍的整体情况后，接下来就该分析动作机理及动作状况，明确"使用屈曲旋转模式不能侧卧是因为缺少了哪种机理"。为了明确不能利用屈曲旋转模式进行侧卧的原因，必须明确使侧卧动作得以实现的机理及其动作状况。

检查人员分别引导患者的头颈部、上肢、肩胛骨、躯干、下肢利用屈曲旋转模式进行侧卧。据此，对屈曲旋转模式的正常顺序能够再现到何种程度进行分析。例如，在患者不能很好地控制头颈部时，可以分析这对侧卧动作产生了多大的影响。

**表3 检查人员引导**

- 上方上肢的上举
- 肩胛骨的前伸
- 躯干上部的旋转
- 下侧肩胛骨的前伸
- 躯干下部的旋转
- 两髋关节的伸展和屈曲

为了分析侧卧动作的机理，检查人员应引导患者做表3所示的运动，确认引导动作时需要多大的辅助量。引导时，通过对检查人员观察到的患者的反应进行如第1章的表1（第3页）所示的分类，可以在一定程度上预测动作机理的阻碍因素。

## 头颈部控制的分析

### ■ 引导顺序（图38）

①患者略微屈曲头部。

②引导患者向侧翻方向伸臂，并配合上肢的运动使头部向侧翻方向旋转。

**图38 头颈部控制的分析**

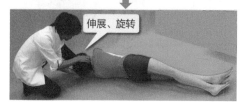

③保持头部屈曲旋转，直到上肩与下肩对线。

④当上肩与下肩对线时，伸展头部。通过该操作，使躯干上部停止旋转，躯干下部开始旋转，完成侧卧。

## 上方肩胛骨前伸与上肢前伸的分析

### ❖ 上肢前伸的引导（图39）

#### ■ 引导顺序

①患者略微背屈腕关节（图39a）的同时屈曲肘关节至拇指与前臂的长轴重合。

②前臂略微旋后（图39b），检查人员引导患者屈曲和外旋肩关节，慢慢伸展肘关节，将上肢向前抬起至手与面部齐平的位置。

③沿长轴方向引导上肢的同时促进肩胛骨前伸。

④引导患者的肢体从外侧向内侧呈小圆圈运动的同时前臂旋前（图39c），使前臂越过中线向侧卧侧的髂嵴伸展。通过该引导，躯干上部屈曲、旋转。

⑤上肩与下肩对线时，患者旋转前臂（图39d）的同时使肩关节屈曲、外旋。通过该引导，躯干伸展旋转，停止躯干上部的屈曲旋转，躯干下部旋转至实现侧卧。

图39 上肢前伸的引导

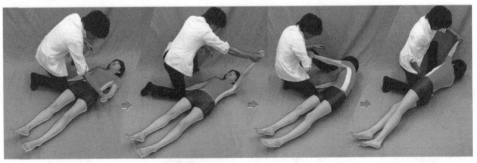

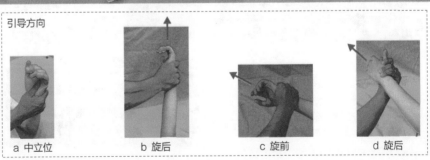

引导方向

a 中立位　　　　b 旋后　　　　c 旋前　　　　d 旋后

#### ❖ 引导肩胛骨前伸（图40）

- 引导顺序

①检查人员托着患者上方上肢，使其摆放在不阻碍肩胛骨运动的位置。

②引导肩胛骨略微向上回旋的同时前伸；如果头颈部的控制没有问题，则通过肩胛骨的引导，头部会向侧卧方向旋转。

③随着肩胛骨前伸，躯干上部向侧卧方向屈曲旋转。

④引导肩胛骨前伸，直到上肩与下肩对线。

⑤当上肩与下肩对线时，将肩胛骨的前伸引导转换为上回旋引导。通过该引导，躯干伸展旋转，停止躯干上部的屈曲旋转，躯干下部旋转至完成侧卧。

图40　引导肩胛骨前伸

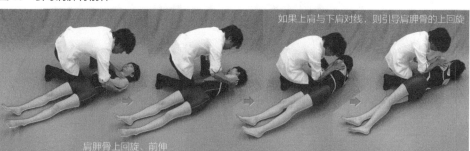

如果上肩与下肩对线，则引导肩胛骨的上回旋

肩胛骨上回旋、前伸

### ▌体轴内旋转的引导

#### ❖ 引导躯干上部（图41）

- 引导顺序

①使上方肩胛骨支撑胸廓，引导肩胛骨前伸和躯干上部屈曲、旋转。

②下侧胸廓下降至肩胛骨中引导旋转。

③引导躯干上部旋转，直到上肩与下肩对线。

图41　引导躯干上部

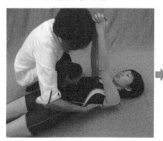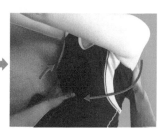

## ❖引导躯干下部（图42）

### ■ 引导顺序

①引导躯干上部旋转至上肩与下肩对线，然后固定躯干上部。

②引导躯干下部旋转，使上方的髂前上棘接近下方的肋骨下缘。

图42　引导躯干下部

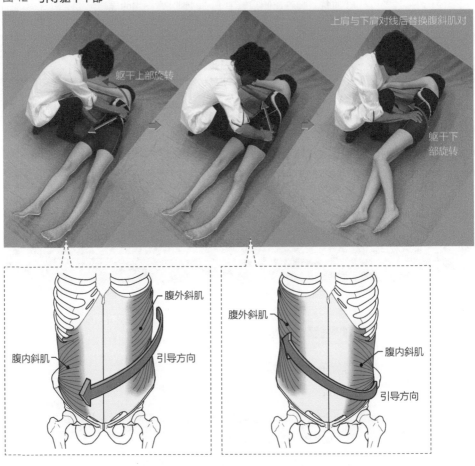

## 引导重心移动

■ 引导顺序（图43）

①检查人员用手握住患者两侧大腿，使大转子固定，配合头颈部的运动，引导上方大腿伸展、内旋和下方大腿屈曲、外旋。

②躯干上部旋转至上肩与下肩对线时，引导上方大腿屈曲、外旋和下方大腿伸展、内旋的同时引导骨盆旋转。

图43　引导重心移动

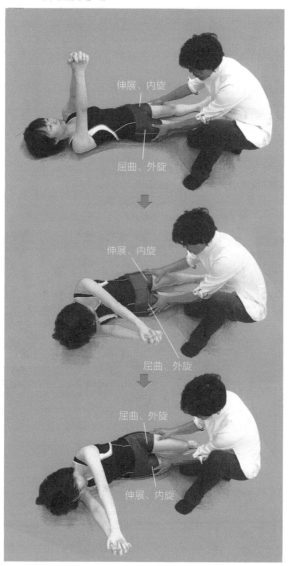

# 5 为推断阻碍动作机理原因的分析

为了明确阻碍动作的原因，必须反复进行假设和验证。评估者需要观察引导动作机理时患者的反应，并对导致这种反应的原因提出假设。通过仔细观察患者的反应，可以在一定程度上预测动作机理的阻碍因素，但为了做出正确的判断，建议进行以下分析。

## 头颈部控制障碍

### ❖ 枕下肌群紧张程度的分析（图44）

患者仰卧后，检查人员手动使患者头部前屈。此时，检查人员的手握住患者枕外隆凸和颞部，使患者头部向前屈曲后，再使上颈椎屈曲，从而使枕下肌群伸展。此时，如果检查人员的手感觉到头部重量以外的阻力，则怀疑患者枕下肌群过度紧张或缩短。

图44 枕下肌群紧张程度的分析

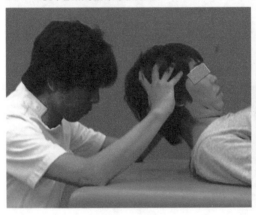

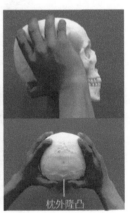

枕外隆凸

头骨的握法

### ❖ 颈部深层屈肌的肌力分析①（图45）

移开枕头，使患者仰卧。检查人员将手置于患者的后颈部，像把患者拉下床一样向头部拉动。正常情况下，检查人员的手可以顺畅地经过头部下方，而不会受到头部的阻力。这是因为患者的头部在颈部深层屈肌的作用下会自动慢慢旋转。如果检查人员的手经过头部下侧时感到有阻力，则怀疑患者颈部深层屈肌群存在功能障碍和枕下肌群紧张。

图45　颈部深层屈肌的肌力分析①

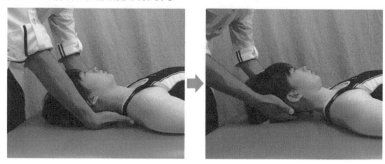

## ❖颈部深层屈肌的肌力分析②（图46）

　　移开枕头，使患者仰卧。让患者自己从床上抬起头部，分析其颈部屈曲状态。如果有以下现象，则怀疑颈部深层屈肌存在功能障碍。

- 无法从床上抬起头。
- 能抬起头但只能屈曲下颈椎，下颌突出。
- 斜角肌和颈阔肌过度收缩。
- 舌骨肌群过度收缩，舌骨被牵拉，向一侧移位。

图46　颈部深层屈肌的肌力分析②

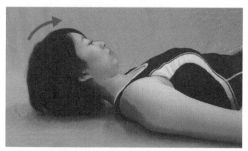

a 可以正常屈曲颈部

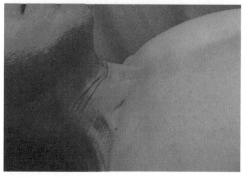

b 颈部深层屈肌存在功能障碍时，上颈椎的部分屈曲
　困难

#### ❖躯干固定作用的分析（图47）

对于不能很顺畅地抬头的患者，检查人员应固定其胸廓和腹部，看其是否能抬头。通常，如果检查人员固定其胸部和腹部后能抬头，那么无法控制头颈部的原因就很有可能是腹部肌肉存在功能障碍。

抬头时，如果腹部肌肉不动，胸廓和骨盆就不能连接，仅用胸廓来支撑头部的重量。仅靠胸廓的重量不能支撑抬起的头部重量，因此最后不是抬起头部，而是由于反向动作抬起胸廓。

图47 躯干固定作用的分析

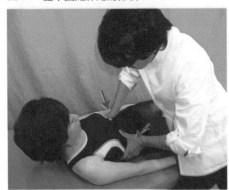
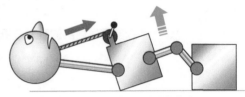

必须用腹肌把胸廓和骨盆连接起来才能抬头

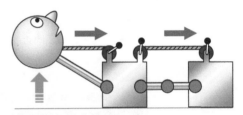

用腹肌连接两个体节

## 肩胛骨前伸与上肢前伸受限

在侧卧动作中，上肢前伸在确定运动方向时具有重要作用。限制肩关节运动的因素如表4所示，必须明确肩关节运动受限是由①～④中的哪一个因素导致。

表4 影响肩肱节律的异常运动

①肩胛骨的运动受限
②盂肱关节的运动受限
③肩胛骨过度运动
④肱骨的过度运动或异常运动

#### ❖肩胛骨的运动受限分析

##### ■ 胸廓上肩胛骨位置的分析（图48）

在患者保持坐立或站立时，应从后方分析肩胛骨的位置。肩胛骨偏离正常位置时，会导致附着在肩胛骨上的肌群的紧张程度不均衡（表5）。在安静状态下，肩胛骨有异常移位时，肩肱节律的变化导致肩胛骨的运动范围受限。例如，肩胛骨下回旋时，冈上肌的起点和止点之间的距离会缩短，作为盂肱关节稳定性结构的肩袖肌群的作用会减弱，有可能会导致盂肱关节运动异常。

观察患者的肩胛骨，分析从正常位置的移位，推断可能处于高张力状态和低张力状态的肌肉。

同样，当脊柱或胸部对线异常时，肩胛骨在胸廓上的位置也会移动。因此，要注意观察肩胛骨、脊柱、胸廓的形状。

**图48　胸廓上肩胛骨位置的分析**

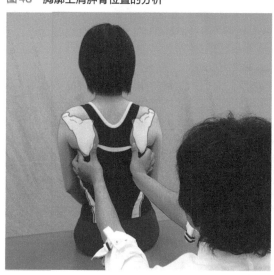
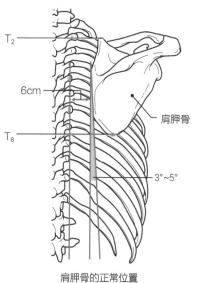

肩胛骨的正常位置

**表5　肩胛骨移位和肌肉紧张状态**

| 肩胛骨移位 | 肌肉紧张状态 |
| --- | --- |
| 上回旋 | 斜方肌缩短 |
| 下回旋 | 肩胛提肌和菱形肌缩短或过度紧张、斜方肌上部纤维延长、三角肌中部纤维缩短 |
| 下降 | 斜方肌上部纤维延长 |
| 上提 | 肩胛提肌缩短并旋转式上提、斜方肌上部纤维缩短 |
| 后缩 | 菱形肌和斜方肌缩短、前锯肌延长 |
| 前伸 | 前锯肌和胸大肌缩短 |
| 前倾[*7] | 胸小肌缩短、肱二头肌和三角肌前部纤维缩短 |
| 翼状肩胛[*8] | 前锯肌的肌力低下 |

**术语解释**

[*7] 前倾
肩胛骨下角离开胸廓而突出。

[*8] 翼状肩胛
肩胛骨与胸廓缺乏接触，肩胛骨上提。

■ **肩胛胸壁关节的运动性分析**（图49和图50）

患者侧卧，检查人员握住患者的上臂和肩胛骨向各个方向移动，使肩

胛骨上提、下降、前伸、后缩、上回旋、下回旋，分析肩胛骨的运动性
（图49）。如果运动范围在某些运动方向受限，则怀疑对应肌肉缩短和过
度紧张（表6）。

若发现运动范围在所有运动方向都受限，则怀疑胸锁关节和肩锁关节
的运动范围受限。胸锁关节和肩锁关节的运动性分析方法是，患者侧卧，
检查人员将其上臂略微保持在外展位的同时上提肩胛骨。接着，将上臂固
定在身体一侧，抓住肩胛骨外边缘，控制肩胛骨上回旋的同时上提肩胛骨
（图50）。伴随肩胛骨上回旋的上提运动反映了胸锁关节的运动。不伴随上
回旋的上提是由胸锁关节产生的锁骨上提和由肩锁关节产生的肩胛骨下回
旋结合的运动，通过比较两者，可以分析胸锁关节和肩锁关节的运动性。

**图49　肩胛胸壁关节的运动性分析（胸锁关节的分析）**

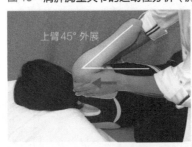

a 上提

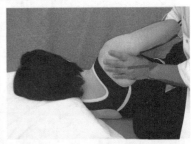

b 下降

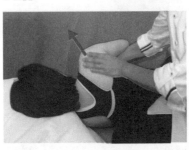

c 前伸

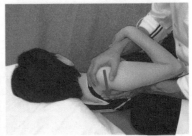

d 后缩

**表6　肩胛骨的运动性降低和肌肉的缩短或过度紧张**

| 受限运动 | 缩短或过度紧张的肌肉 |
| --- | --- |
| 上回旋 | 肩胛提肌、菱形肌、背阔肌、三角肌 |
| 下回旋 | 斜方肌 |
| 下降 | 肩胛提肌、斜方肌上部纤维 |
| 上提 | 背阔肌 |
| 后缩 | 前锯肌、胸大肌 |
| 前伸 | 斜方肌、菱形肌 |

图50　肩胛胸壁关节的运动性分析（肩锁关节分析）

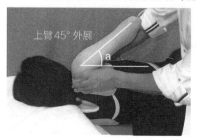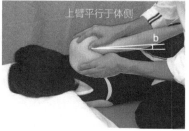

比较左图∠a和右图∠b，如果∠a>∠b，则认为肩锁关节的运动范围受限

# 解剖检查！ 胸锁关节和肩锁关节

## ●胸锁关节和肩锁关节的复合运动（图51）

　　肩胛骨通过胸锁关节引起锁骨的运动，可上提30°、下降10°、前伸30°和后缩25°。肩锁关节可以进行30°的上回旋和从上回旋位到解剖学姿势范围的下回旋。另外，肩锁关节在锁骨的外侧端具有使肩胛骨在水平面和矢状面上回旋的运动范围。肩锁关节和胸锁关节的运动范围，起到扩大或缩小肩胛骨运动范围的作用。胸锁关节和肩锁关节的运动范围受限会导致锁骨运动受限，进而导致肩胛骨运动在所有方向上受限。

图51　胸锁关节和肩锁关节的复合运动

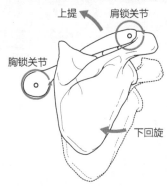

a 肩胛胸壁关节的上提和下降中的胸锁
　关节、肩锁关节的运动（后视图）

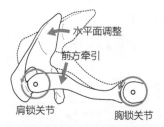

b 肩胛胸壁关节的前方牵引和后缩中的
　胸锁关节、肩锁关节的运动（上视图）

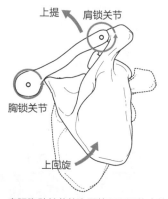

c 肩胛胸壁关节的上回旋和下回旋中的
　胸锁关节、肩锁关节的运动（后视图）

### ❖ 盂肱关节的运动受限（图52和图53）

盂肱关节的运动范围受限通常是由关节囊、韧带导致。

关节囊的纤维可分为前部纤维、后部纤维、上部纤维和下部纤维。构成关节囊的各部分纤维的紧张程度会随着盂肱关节的运动而发生互补变化。当盂肱关节角度为20°~30°、内外旋处于中立位时，所有关节囊纤维在肩胛骨平面上的紧张程度均平衡。因此，以该姿势为基准，使肱骨移动以对关节囊的各部分纤维施加压力，分析关节囊的紧张程度（表7）。

但在肱骨上提时会发生肩胛骨上回旋，因此，需要在检查中避免这种运动，以达到在肩胛骨平面上的45°外展、内外旋中立位。因此，在实际进行检查时，应将患者上肢外展45°的姿势作为标准姿势。

如果在关节囊的某一纤维中确认有异常的紧张，则建议进一步对该纤维施加压力并分析疼痛和阻力的产生等（表8）。

图52 盂肱关节的运动性分析（关节囊的分析）

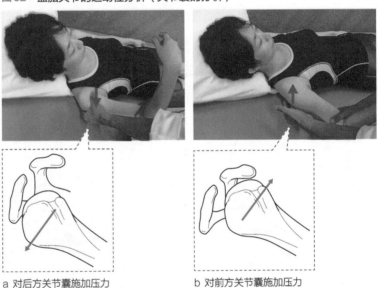

a 对后方关节囊施加压力 　　　　b 对前方关节囊施加压力

图53 盂肱关节的运动性分析（喙肱韧带的分析）

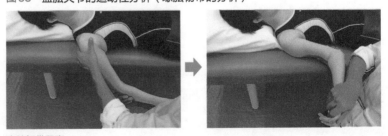

喙肱韧带紧张

表7　限制盂肱关节运动的关节囊紧张因素

| 运动方向 | 限制因素 |
|---|---|
| 内旋、越过肩胛骨平面的水平内收 | 后部纤维 |
| 外旋、越过肩胛骨平面的水平外展 | 前部纤维 |
| 从肩胛骨平面（图54）45° 位开始的上提 | 下部纤维 |
| 从肩胛骨平面45° 位开始的下降 | 上部纤维 |

图54　肩胛骨平面

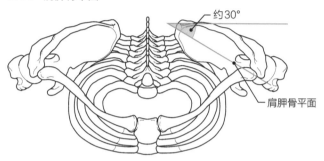

约30°

肩胛骨平面

表8　怀疑关节囊异常的情况

| | |
|---|---|
| 肩胛骨平面上外展30°~40° | 上下前关节囊的紧张程度增加 |
| 在中立位的外旋 | 前上部关节囊的紧张程度增加 |
| 在外展位的外旋 | 下部关节囊的紧张程度增加 |
| 在中立位的外旋、上提 | 喙肱韧带和胸小肌的紧张程度增加 |

　　除关节囊外，其他限制因素还包括喙肱韧带和胸小肌。当喙肱韧带紧张时，盂肱关节的屈曲和伸展，以及在中立位的外旋都会受限。另外，在胸小肌缩短和紧张的情况下，会间接造成喙肱韧带紧张，所以也会导致运动范围受限。

表9　肩关节旋转的运动范围测量

| 第一种姿势 | 肩关节内收位，屈曲0°（中立位） |
|---|---|
| 第二种姿势 | 肩关节外展90° 位 |
| 第三种姿势 | 肩关节屈曲90° 位 |

以表9所示的3种姿势进行肩关节旋转的运动范围测量，分析内外旋的运动范围的变化，由此可以确定限制肩关节运动的因素（表10）。

表10　肩关节运动的限制因素

| | 外旋限制因素 | 内旋限制因素 |
|---|---|---|
| 第一种姿势 | 喙肱韧带、胸大肌、肩胛下肌上部纤维 | 冈下肌上部、冈上肌后部、关节囊前部 |
| 第二种姿势 | 关节囊中下部、肩胛下肌下部纤维、胸大肌 | 小圆肌、冈下肌下部纤维 |
| 第三种姿势 | 大圆肌 | 关节囊下部 |

## ❖ 肩胛骨过度运动（图55和图56）

上肢上举需要肩胛骨稳定地在胸廓上向上回旋并前伸。伴随上肢上举的肩胛骨运动由肩肱节律控制在可再现的运动轨迹上，如果肩胛骨伴随上肢上举发生过度运动，则其支撑上肢上举的基础功能就会下降。如果胸锁关节和肩锁关节的运动性正常，肩胛骨周围肌肉正常发挥作用，肩胛骨就不会超过正常运动范围而过度运动。

使肩胛骨稳定在胸廓上的主要肌肉是前锯肌。同时，前锯肌的拮抗肌——斜方肌下部纤维和菱形肌也同时收缩，与前锯肌合力将肩胛骨稳定在胸廓上。肩胛骨过度运动是由于这些肌肉存在肌力下降和麻痹等功能障碍。通过以下2个检查能比较简便地进行肩胛骨的稳定性分析。

检查人员在患者上肢向体侧下垂，肩关节内旋的姿势下触摸其肩胛骨内缘，同时对前臂施加阻力并使肩关节外旋。观察此时肩胛骨是否出现异常内收运动（图55）。如果肩胛骨的功能正常，则肩胛骨不动，但如果肩胛骨周围肌肉存在功能障碍，肩胛骨就不能作为基底在该位置稳定下来，因此，肩胛骨周围肌肉异常收缩将导致肩胛骨移位。如果肩胛骨的下角向下回旋，则怀疑前锯肌和斜方肌下部纤维存在功能障碍。

图55 肩胛骨稳定性的分析

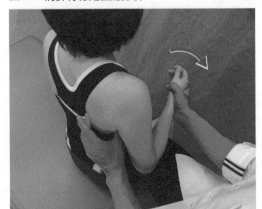

手垂直于地面或床，在肘部伸展的状态下，按压地面或床，使肩胛骨前伸（图56a）。此时，如果肩胛骨内侧边缘抬起，则怀疑前锯肌存在功能障碍。另外，如果此时肩胛骨向下回旋，则认为斜方肌存在功能障碍，如果向上回旋的幅度增强，则认为菱形肌存在功能障碍。

由于前锯肌和斜方肌存在功能障碍的患者使用屈曲脊柱以使肩胛骨前伸的代偿动作，因此也有必要仔细观察脊柱的运动（图56b）。

**图56 前锯肌的肌力分析**

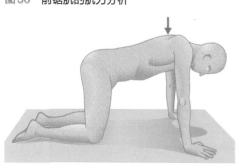

a 前锯肌导致的肩胛骨前伸

b 胸椎屈曲进行的代偿运动

---

**解剖检查！** 肩胛骨和盂肱关节的异常运动性的关系

● 肩胛骨的下回旋和冈上肌的长度（图57）

肩胛骨的异常运动性继发性导致盂肱关节不稳定。假设上肢上举时，肩胛骨周围肌肉不能支撑上肢的重量而向下回旋，那么冈上肌的起点和止点的距离就会缩短，从而导致肌肉的作用效率下降。结果冈上肌不能充分发挥支撑骨头的肌力，导致盂肱关节不稳定。

盂肱关节的运动性降低时，患者会尝试通过肩胛骨的过度运动来代偿上肢上举。其结果是肩胛骨失去稳定性，继发性导致肩胛骨过度运动。

**图57 肩胛骨的下回旋和冈上肌的长度**

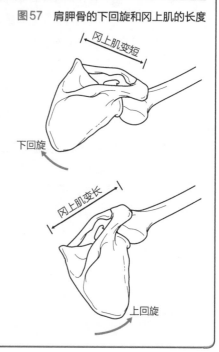

### ❖肱骨的异常运动性

#### ■ 肩袖肌腱的功能分析

盂肱关节的动态稳定性需要冈上肌、冈下肌、小圆肌、肩胛下肌的协调作用。这些肌肉的肌腱统称为肩袖肌腱，与关节囊、关节囊韧带相配合使肱骨头稳定于关节窝。因此，如果肩袖肌腱存在功能障碍和弛缓性麻痹，盂肱关节就会产生异常运动。

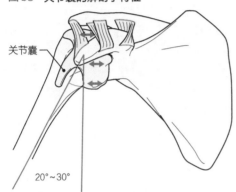

图58 关节囊的解剖学特征

关节囊

20°~30°

如前所述，在肩胛骨平面上20°~30°的外展位上，关节囊在上肢位于内外旋中立位的张力平衡（图58）。当从身体表面观察时，该位置相当于在肩胛骨平面上肩关节上提45°的位置。因此，肩胛骨平面上肩关节上提45°位置、内外旋的中立位是关节囊的紧张导致的肱骨头的固定作用最小的位置。所以该位置下盂肱关节的稳定性会受到肩袖肌腱的巨大影响。肩袖肌腱存在功能障碍的患者如果在该位置进行上提抵抗运动，就会出现骨头相对于关节窝上移的现象（图59）。若肩峰和上移的骨头之间夹有肩袖肌腱，也会诱发疼痛（肩峰下撞击综合征）。

在肩胛骨平面上肩关节上提45°位置、内外旋的中立位上使盂肱关节水平内收的姿势中，由于前方关节囊松弛，要求肩胛下肌对骨头的稳定性起作用。在水平外展中，由于后方的关节囊松弛，冈下肌、小圆肌的作用变得很重要。基于该解剖学特征，通过改变检查位置进行上移阻力运动并观察骨头的移位，可以分析构成肩袖肌腱的肌肉的功能（图60）。

图59 肩峰下撞击综合征

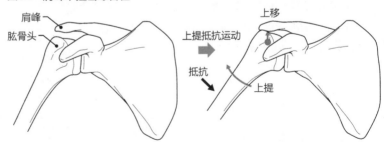

肩峰
肱骨头
上移
上提抵抗运动
抵抗
上提

图60 肱骨头稳定性的分析

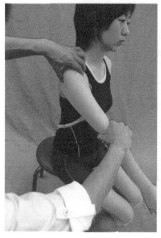  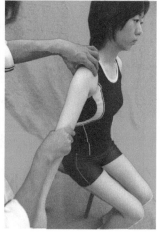

a 水平内收　　　　　　　　b 肩胛骨平面　　　　　　　c 水平外展

### ■ 肩胛骨的稳定性和肩袖肌腱的功能分析（图61）

　　构成肩袖肌腱的所有肌肉都附着在肩胛骨上。因此，上肢上举运动中的肩袖肌腱的功能受到肩胛骨运动的影响。肩胛骨的稳定性存在问题时，如果抬起上肢，肩胛骨就会向下回旋，有时会继发性地导致肩袖肌腱功能障碍。如果检查人员将肩胛骨保持在上回旋位并施加阻力时骨头的向上移位消失，则怀疑是肩胛骨的不稳定性妨碍了肩袖肌腱的功能。

图61　肩胛骨的稳定性和肩袖肌腱的功能分析（确认肩胛骨不稳定性的例子）

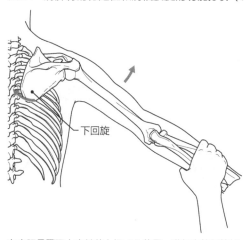 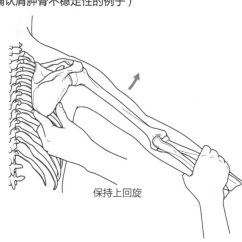

在肩胛骨平面上肩关节上提45°位置，进行肩外展等长收缩，发现肩胛骨向下回旋，肱骨头向上移位

将肩胛骨固定在上回旋位，进行肩外展等长收缩后，肱骨头的向上移位消失

### ❖ 体轴内旋转运动性分析

在侧卧动作中，脊柱的旋转运动发生在胸椎部。在对胸椎部的旋转运动性进行分析并发现有限制时，有必要对其原因进行推断。

在侧卧动作中胸椎所要求的旋转运动范围较难定义。大致标准是，通过肩胛骨的前伸和胸椎的屈曲、旋转的复合运动侧卧时，需要上肩能够与下肩对线的运动范围（图62）。

患者仰卧，检查人员在其胸廓最大运动范围内使胸廓屈曲、旋转（图63）。从该姿势开始使上方肩胛骨前伸。肩胛骨稳定前伸的角度约为30°。因此，在该范围内的前伸中，如果上肩和下肩的垂直轴重合，则可以判断躯干的旋转运动性良好。

图62　侧卧时所要求的体轴内旋转的运动范围

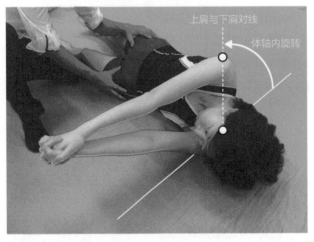

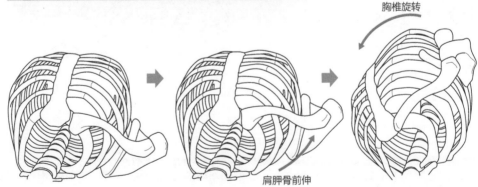

图63 体轴内旋转运动性分析

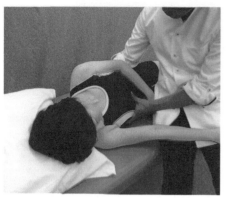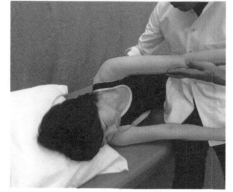

使胸椎旋转至最大运动范围　　　　　　　　　使肩胛骨前伸，检查上肩是否与下肩对线

胸椎的屈曲旋转受限由胸椎间关节的运动性降低和肋骨的运动性降低导致，因此需要分析胸椎间关节和肋骨的运动性。另外，胸椎的运动和肋骨的运动之间存在节律[6]（图64和图65）。胸椎屈曲时，肋骨向前方轴旋转；相反，胸椎伸展时，肋骨向后方轴旋转。胸椎旋转时，旋转侧的肋骨在向后方轴旋转的同时向对侧移位。即随着胸椎的右旋转，肋骨会扭曲和移位。因此，如果由于某种原因肋骨的轴旋转受限，就会引起胸椎的旋转运动性降低。导致肋骨及胸椎的运动受限并对体轴内旋转产生影响的肌肉如表11所示。

图64 胸椎运动和肋骨运动

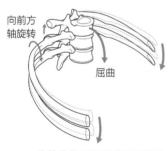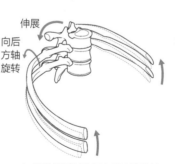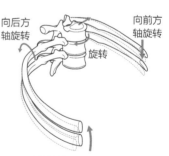

a 胸椎屈曲和肋骨向前方轴旋转　　b 胸椎伸展和肋骨向后方轴旋转　　c 胸椎旋转和肋骨向前方、后方轴旋转

第3章　侧卧动作的分析

图65　肋骨运动的分析

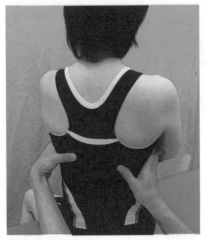

使患者进行体轴内旋转时，分别对每对肋骨的轴旋转进行分析，如处于哪种水平、哪根肋骨无法轴旋转

表11　限制肋骨、胸椎运动性的肌肉

| 附着在肋骨上并限制肋骨旋转运动性的肌肉 | 附着在胸椎上并限制胸椎旋转运动性的肌肉 |
| --- | --- |
| 斜角肌 | 斜方肌 |
| 胸大肌 | 背阔肌 |
| 胸小肌 | 菱形肌 |
| 前锯肌 | 最长肌 |
| 腹直肌 | 胸棘肌 |
| 腹外斜肌 | 半棘肌 |
| 腹内斜肌 | 颈夹肌 |
| 腰方肌 | |
| 髂肋肌 | |
| 横膈膜 | |

❖ 躯干上部和躯干下部分离旋转的分析

在侧卧中，腹斜肌群的运动在第2阶段和第3阶段时其作用发生逆转。第2阶段中的上方腹外斜肌和下方腹内斜肌与第3阶段中的上方腹内斜肌和下方腹外斜肌成为动作对，导致体轴内旋转。

■ 第2阶段腹斜肌对的分析（图66）

患者仰卧，上方上肢朝对侧髂前上棘的正上方20cm左右伸展。分析其上方肩胛骨和上肋骨能否从床上抬起。

图66　第2阶段腹斜肌对的分析

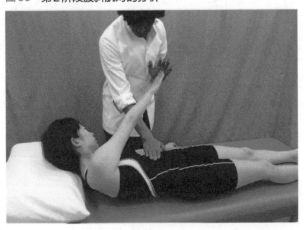

■ 第3阶段腹斜肌对的分析（图67）

　　从患者侧卧时的姿势开始，检查人员在最大运动范围内将其骨盆向后旋转。由此，分析其是否可使用腹斜肌恢复侧卧位。此时，为了不让下肢使骨盆旋转，要使下肢处于伸展位。

　　如果脊柱不过度伸展和屈曲就能侧卧，则可认为腹斜肌在起作用。此外，在背阔肌代偿动作中脊柱伸展，在腹直肌代偿动作中脊柱屈曲。

**图67　第3阶段腹斜肌对的分析**

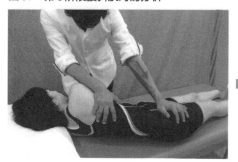
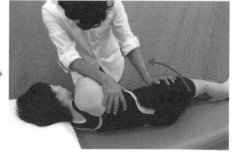

❖ **与肩胛骨前伸相协调的体轴内旋转（图68）**

　　在侧卧的第2阶段中，随着躯干上部的旋转，下侧肩胛骨前伸。第2阶段中下侧肩胛骨的前伸是由胸廓在固定的肩胛骨上回旋导致。对该机理的分析建议在坐立位进行。患者坐立，一侧上肢保持向斜前方伸展，另一侧上肢向斜前方伸展至触及对侧手背。当斜前伸的手不动时，检查另一侧上肢能否向斜前方伸展至触及对侧手背。如果斜前伸的手随着胸廓的旋转向后方移动，则意味着不能进行与肩胛骨前伸相协调的体轴内旋转。

**图68　与肩胛骨前伸相协调的体轴内旋转的分析**

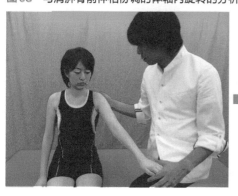
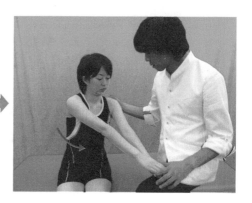

患者仰卧，检查人员徒手对患者的足跟或足背施加阻力，在膝关节伸展的状态下进行髋关节的屈曲和伸展。重心移动时，髋关节的伸肌和屈肌必须提供相同大小的旋转力。分析左右下肢时，应判断一侧的伸肌和另一侧的屈肌各自产生的力是否相同（图69）。

另外，髋关节产生旋转力时，骨盆的稳定作用必不可少。如果髂腰肌、多裂肌、腹横肌缺乏稳定骨盆的作用，将直接影响髋关节对支撑面的控制。

在进行下肢屈曲上抬测试中，应在骨盆大幅度运动时对骨盆的稳定性进行分析。

检查人员在患者仰卧并保持膝关节伸展时徒手固定其骨盆，然后抬起一侧下肢。如果固定骨盆能使下肢的上抬变得容易，那么可以推断髋关节的旋转力不足是由骨盆缺乏稳定性导致的。

检查人员通过改变沿着多裂肌、髂腰肌、腹横肌的肌肉走向的骨盆支撑位置进行检查，推断哪块肌肉的功能障碍对骨盆的稳定性产生影响（图70）。

图69　髋关节两侧性运动的分析

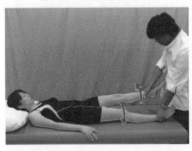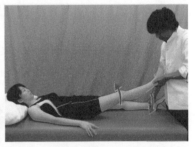

图70　固定骨盆的髋关节两侧性运动的分析

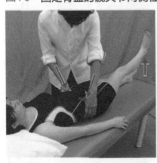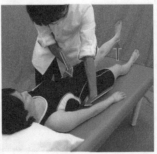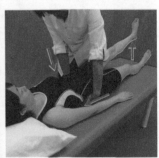

a 腹横肌　　　　　　　　　b 髂腰肌+多裂肌　　　　　　　　c 两侧多裂肌

◎**参考文献**

[1] McGraw M. B.: The neuromuscular maturation of the human infant. New York: Hafner, 1945.

[2] Touwen B.: Neurological development in infancy. London: SI. M. P. and Heinemann, 1976.

[3] Bobath B Adult Hemiplegia: Evaluation and Treatment. ed 2. London, England, Heinemann Medical Books Ltd, p.43-48. 1978.

[4] Codman E. A.: The shoulder. Thomas Todd. Boston. p.32-64. 1934.

[5] Cailliet R.: The Shoulder in Hemipegia. Philadeiphia. PA., F. A. Davis Co. p.89-120. 1980.

[6] Cooper S. Daniel P. M.: Muscle spindies in man: their morphology in the lumbricals and the deep muscies of the neck. Brain. 86: 563. 1963.

第3章　侧卧动作的分析

# 第 **4** 章　起床动作的分析

# 1 起床动作的概述

## 起床动作运动模式的普遍特征

### ❖ 起床动作的多样性

起床动作是保障患者独立进行日常生活的重要动作。起床动作的特征是克服重力后从卧位上抬90°。不仅身体各部位的对线发生变化，而且相对于重力的姿势也发生很大变化，因此对于大多数患者来说，起床动作是高难度动作。

与侧卧动作一样，起床时年轻人使用的运动模式多种多样（Ford-Smith and VanSant, 1993）[1]。基于麦科伊的报告，健康成年人所使用的起床运动模式有89种，在对10人进行的测试中发现，他们都使用不同的起床运动模式。如上所述，起床动作和侧卧动作一样，存在多种运动模式，因此很难对起床动作进行分析。即使只分析姿势，也很难判断什么是异常动作模式。尽管存在各种运动模式（姿势），但对运动任务的力学要求是一样的，无论什么样的动作模式都要求完成共同的力学任务。如果不能完成这些力学任务，则将无法起床。换句话说，健康成年人的起床动作是为了完成动作所要求的基本力学任务而使用各种各样的运动模式的动作。在进行动作分析时，重要的是熟悉这些力学要求，并分析患者为完成该动作要怎样运动。

### ❖ 起床动作的力学任务

起床动作的力学任务是：①产生使身体垂直向上的力；②随着支撑基底面的变化使身体重心移动，并在其中支撑重心。了解患者的起床动作，有助于根据这些重要力学任务的特性来解释他们使用的运动模式。

作为实现起床动作的基本力学任务的运动模式，躯干的屈曲、旋转要素是极其重要的运动要素（图1a）。如果不能屈曲、旋转躯干，就必须直直地坐起来（图1b）。此运动模式，在损害动作通用性的同时，也增加了身体的负担，因此需要更多的肌力；对于残疾人和老年人来说，并不是实用的动作方法。起床所需的躯干屈曲和旋转需要充分的运动范围和腹斜肌群的运动。对于躯干存在功能障碍的患者来说，起床动作是非常困难的。使用上肢牵拉身体的代偿动作是偏瘫患者最有可能选择的代偿模式（图1c）。但是，这种代偿模式会诱发联合反应，从而阻碍躯干的屈曲、旋转，反而使动作变得困难。

图1 起床动作中为了使身体垂直向上运动的运动模式

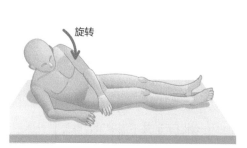

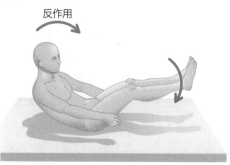

a 通常，健康成年人为了最大限度地减少重力对旋转力的影响，会在旋转、屈曲躯干的同时起床

b 完全不旋转身体就起床的模式。此模式需要非常大的肌力，或从抬起下肢的位置使劲向下挥，利用反作用力起床。除非有特殊原因，否则在日常运动中没人会选择这种低效率的运动模式

c 偏瘫患者最有可能选择的代偿模式

第4章 起床动作的分析

> **补充 健康成年人在起床动作中使用的动作模式**
>
> 起床动作和侧卧动作是极其紧密相关的动作。动作顺序的前半部分，在起床动作和侧卧动作中使用了同样的动作模式。因此，起床动作中动作模式的多样性与侧卧动作模式的多样性（参照第31页补充）也有关联。
>
> 健康成年人在起床动作中使用的动作模式可分为4类：①轻微旋转躯干，仅靠屈曲起床的模式；②用上肢推床以辅助躯干屈曲的模式；③爆发性地一口气坐起来的模式；④从床的边上伸出两足，悬于空中的下肢作为牵引力牵拉起躯干的模式。根据不同使用状况、各个动作模式的构成要素的不同组合，可以形成各种子类模式。

## ❖ 起床动作的运动模式

健康成年人常采用的屈曲、旋转躯干实现起床的机理与侧卧动作（根据屈曲旋转模式）的机理有很多共同点。因此，难以使用屈曲旋转模式侧卧的患者也难以起床。另外，起床动作是从侧卧动作开始的一系列连贯动作，其重点是侧卧的同时起床（图2）。"侧卧后再起床"无视了起床动作机理的指导，因为在完全侧卧后是很难起床的。

侧卧后想要起床的患者，从侧卧位转换到单肘支撑的半卧位姿势（以下称为肘撑）时，会用上方的手推床或用肘部大力地推床（图3）。在正常的起床动作中，上方上肢向起床侧伸展，不会把手放在床上支撑体重。如前所述，如果想要在侧卧后起床，在使身体重心上升而变成肘撑动作时，就必须使用躯干的侧屈运动。但躯干侧屈运动并不能提供足够提高身体重心的运动范围和肌力，所以在用上肢的力量强行抬起身体重心时会变成肘撑的动作。另外，如果尝试将肘部用力压在床上，过度用力而变成肘撑动作时，身体反而会被推向后方。这是因为，试图使肩关节水平外展，以肘部为支点使躯干上部上升时，身体向反方向旋转，进而导致躯干轴内旋转停止。由此，若侧卧后尝试起床，就会过度使用上肢，无法顺利地实现肘撑。

起床动作的要点是从侧卧到肘撑的机理。很多难以侧卧的患者在起床采用肘撑动作时也会出现障碍。可以说，从侧卧动作开始，连贯至肘撑的机理是决定可否完成起床动作的关键。

---

### 补充　通过侧卧而起床的特征

侧卧位与仰卧位相比，支撑基底面的面积变窄，因此是不稳定的姿势。多数患者在侧卧位时会加剧背部肌肉的紧张，导致躯干固定或屈曲躯干和髋关节以扩大支撑基底面的面积。若是通过侧卧位起身，一旦停止动作，保持姿势的肌肉活动与运动所需的肌肉活动就会有所不同。加剧背部肌肉紧张的运动是阻碍起床动作的重要因素。另外，当躯干和髋关节屈曲、支撑基底面扩大时，为了能舒适地完成动作，运动的腹斜肌和颈部肌肉的紧张感就会消失。

图2 健康成年人的起床动作

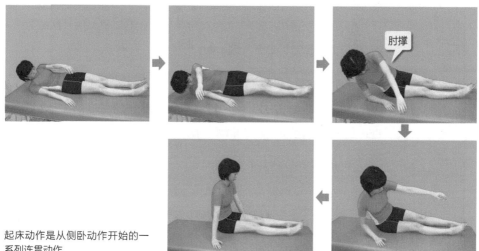

肘撑

起床动作是从侧卧动作开始的一
系列连贯动作

图3 侧卧后起床的动作

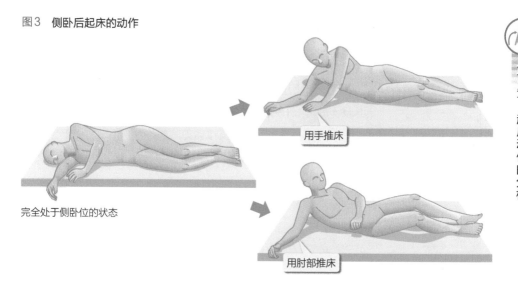

用手推床

用肘部推床

完全处于侧卧位的状态

## 起床动作的顺序

起床动作（图4~图7）是从侧卧动作开始的连贯实现肘撑的动作。起床动作前半部分的顺序与侧卧动作相同。

### ❖ 起床动作的第1阶段（图4）

起床动作的第1阶段与侧卧动作相同，指发生头颈部轻微屈曲和旋转，直到上方肩胛骨前伸、开始伸臂的阶段。

### ❖ 起床动作的第2阶段（图5）

起床动作的第2阶段和第1阶段一样，与侧卧动作相同，指躯干上部开始旋转运动，直到上肩与下肩对线的阶段。

### ❖ 起床动作的第3阶段（图6）

起床动作的第3阶段指从体轴内旋转前伸的上肩越过下肩，直到实现肘撑的阶段。在第3阶段中，体轴内旋转和躯干的抗重力屈曲运动增强，以实现肘撑。肘撑侧的肩胛骨需要稳定以支持体重。

### ❖ 起床动作的第4阶段（图7）

起床动作的第4阶段指从肘撑到实现长坐位的阶段。在第4阶段中，由于体轴内旋转和髋关节的屈曲，支撑体重的部位从肘部变为腕部。重心移动到手腕时，在手腕推向床的同时重心移动到臀部和下肢形成的支撑基底面内，完成长坐位。

图4 第1阶段

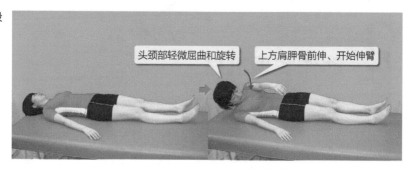

头颈部轻微屈曲和旋转

上方肩胛骨前伸、开始伸臂

图5 第2阶段

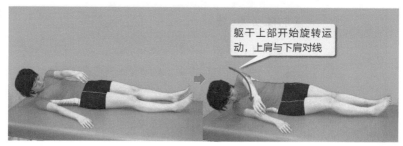

躯干上部开始旋转运动，上肩与下肩对线

图6 第3阶段

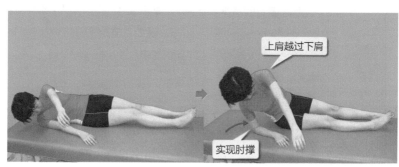

上肩越过下肩

实现肘撑

图7 第4阶段

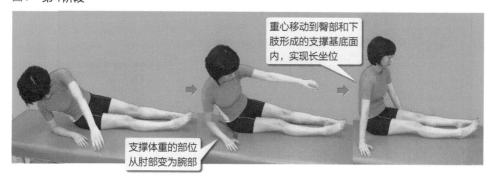

重心移动到臀部和下肢形成的支撑基底面内，实现长坐位

支撑体重的部位从肘部变为腕部

第4章 起床动作的分析

# 2 动作实现机理

从前文的"起床动作的概述"得知，起床动作分为4个阶段。在此，对使各动作得以实现的机理进行解释。

## 肘撑实现机理

决定起床动作可否实现的关键是从侧卧到肘撑的机理。作为侧卧后的一系列动作，实现肘撑需要在对身体施加旋转力的同时移动旋转轴。

### ❖ 旋转运动的控制

从头侧观察起床动作可知，第1、第2阶段的身体旋转运动发生在下方肩关节的水平旋转轴上。此时，如果身体保持原样旋转，则实现侧卧（图8a）。但若要实现肘撑，就必须停止以肩关节为中心的身体旋转运动，开始以肘关节为中心的身体旋转运动（图8b）。

图8　肘撑实现机理（旋转运动的控制）

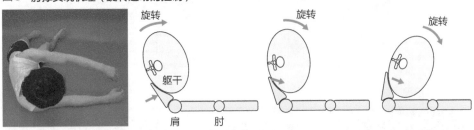

a 第1、第2阶段时身体的旋转运动发生在下方肩关节的水平旋转轴上

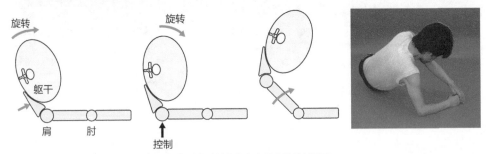

b 从以肩关节为中心的身体旋转运动转换到以肘关节为中心的身体旋转运动

此时，以肘关节为中心的旋转运动是指上臂和躯干同时相对于前臂旋转。当收缩肌肉引起关节运动时，如果2个体节之间的重量存在差异，那么较重的体节就不会动，较轻的体节就会移动。在肘撑时的肘关节屈曲运动中，上臂和躯干的重量远远大于前臂的重量，因此，如果使用肘关节的屈肌使肘关节进行旋转运动，前臂就会屈曲。为了实现肘撑，必须不移动前臂，克服重力而使上臂和躯干旋转（抬起）。除非前臂固定在床上，否则要实现这种旋转运动并不容易。那么，如何才能轻松地实现肘撑呢？

为了实现肘撑而使肩关节的旋转运动停止，使旋转轴向肘关节移动的机理通过利用旋转运动的动量进行运动控制而实现（图9）。在侧卧过程中，当紧急控制肩关节的水平内收动量时，以肩关节为中心旋转的躯干由于惯性继续向侧卧的方向旋转。此时，躯干试图持续旋转的能量被传递到相邻的肘关节，并且肘关节成为旋转轴，躯干的旋转运动继续进行。结果，肘关节作为支点使上臂和躯干一起旋转，实现肘撑。即从侧卧到肘撑，需要控制下方肩关节的水平内收动量。

图9 旋转轴从肩关节移动到肘关节

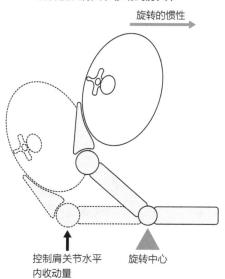
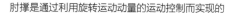

旋转的惯性

控制肩关节水平内收动量　旋转中心

肘撑是通过利用旋转运动动量的运动控制而实现的

第4章 起床动作的分析

❖ **旋转轨迹控制**

在起床动作中，肩关节水平内收的制动时机很重要。正常情况下，制动肩关节水平内收、旋转轴向肘关节移动的时机是上方肩部越过下方肩部的时候，肩关节水平内收的制动和肘关节的屈曲同时进行。肩关节水平内收的紧急制动是实现肘撑的重要机理，但如果用三角肌后部纤维或背阔肌制动，躯干就会恢复旋转，不能实现肘撑。许多患者在起床时，会很用力地用肘部挤压床，但这会导致下方肩关节水平外展，躯干恢复旋转，进而导致无法起床。那么，如何对肩关节的水平内收进行紧急制动并使旋转轴移动至肘关节呢？

肘撑实现机理与躯干的旋转轨迹有关（图10）。至起立动作的第2阶段为止的身体旋转运动轨迹是，围绕肩关节的水平内收旋转轴（图10的实线a）向箭头A的方向旋转的轨迹。在肘撑之前，身体的旋转轨迹沿着肱骨的长轴方向（图中箭头B的方向）急剧改变方向。由于身体旋转的轨迹改变，肩关节的水平内收受到制动。这是因为，箭头B的方向与上臂的长轴重合，因此肱骨像顶梁柱一样起作用并机械性地制动肩关节的运动。

以这种方式突然改变侧卧方向、制动围绕肩关节的旋转运动，使旋转轴移动至肘关节，实现肘撑。

**图10　躯干旋转轨迹的变化**

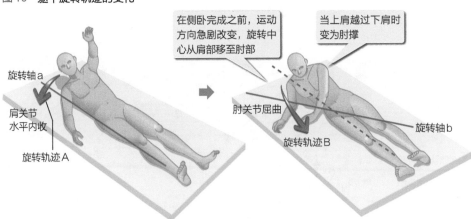

紧急制动肩关节的水平内收，旋转轴移至肘关节，实现肘撑

## 解剖检查！ 前锯肌的作用

前锯肌肌纤维（图11）的多裂结构可以校正实现肘撑所必需的身体旋转轨迹。从起床的第1阶段到第2阶段，肩胛骨的前伸主要通过前锯肌的上部纤维进行，将伸臂方向引导至肩关节的水平内收方向。前锯肌上部纤维的走向为水平方向，适合于向肩关节的水平内收方向引导身体的旋转轨迹。

在第2阶段中，上肩与下肩对线时，前锯肌下部纤维的运动增强。前锯肌下部纤维斜向下移行，适合于向下侧的肱骨长轴方向引导身体的旋转轨迹。另外，因为筋膜连接前锯肌下部纤维与腹外斜肌，所以前锯肌下部纤维的运动会诱发腹外斜肌的运动，使躯干的屈曲旋转增强。腹外斜肌的运动会诱发腹内斜肌的运动，使身体的旋转轨迹被引导向更屈曲的方向，沿着肱骨轴上的旋转轨迹旋转。腹斜肌群运动的增强有助于增强抗重力屈曲运动，实现肘撑。

如上所述，前锯肌运动导致的肩胛骨前伸，是从侧卧到起床动作中的运动控制的不可缺少的要素，其功能的欠缺会严重影响起居动作。在偏瘫患者中，患侧肩胛骨的后缩是治疗中常见的问题，因为该问题阻碍了侧卧和起床。

图11 前锯肌的上部和下部纤维

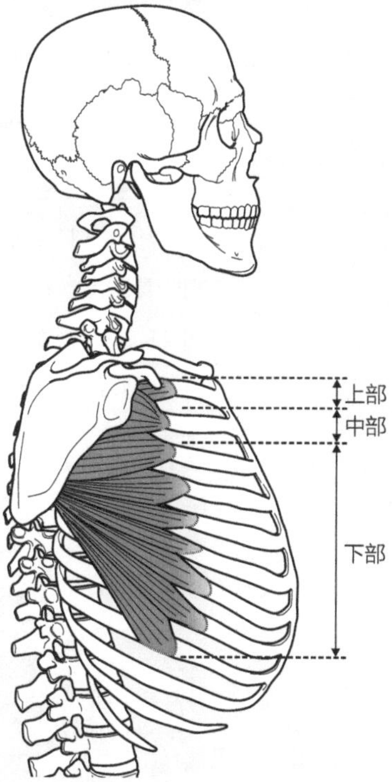

上部
中部
下部

## 肩胛带的稳定性

在起床动作的第3阶段中，为了在支撑上半身重量的同时实现肘撑，要求下侧盂肱关节和肩胛胸壁关节具有较好的稳定性。起床动作是上肢支撑体重的动作，如果肩胛带和躯干上部的稳定性不足，则无法起床。

### ❖肩胛胸壁关节的稳定性

为了使上肢进行伸臂等运动，需要上方肩胛骨相对于胸廓稳定。除前锯肌和斜方肌中部、下部纤维以外，背阔肌、胸大肌、菱形肌等也有助于肩胛骨稳定。在上肢进行伸臂的运动中，前锯肌和斜方肌中部纤维协作将前伸的肩胛骨固定在胸廓上。另外，随着肩胛骨上回旋角度的变化，斜方肌下部纤维的活动也在增强（图12）。

图12　有助于肩胛骨稳定的肌肉

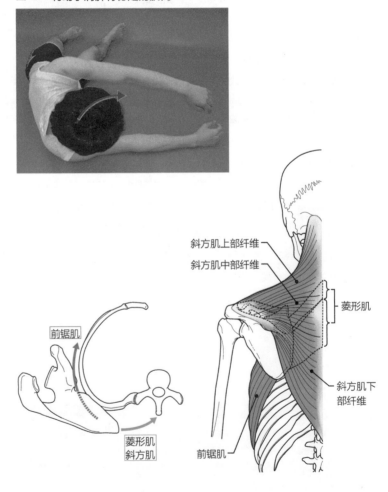

在起床动作的第3阶段中，实现肘撑（图13a）所需要的下方肩胛带的稳定性是相对于固定肩胛骨而稳定的胸廓的稳定性（图13b）。在制动相对于固定的肩胛骨在胸廓上的旋转时，菱形肌具有极其重要的作用。通过肩胛骨，前锯肌和菱形肌的作用线重合。如果将前锯肌和菱形肌比作一条带子，您会看到它从脊柱通过肩胛骨呈螺旋状绕着胸廓移行。

肱骨像肘撑那样作为支撑体重的支柱垂直排列，并且胸廓在其顶端进行旋转运动时，螺旋状走向的前锯肌－菱形肌复合体非常适合维持肱骨—肩胛骨—胸廓的稳定性。菱形肌在向后缩方向拉动肩胛骨的同时使肩胛骨向下回旋。斜方肌中部纤维和下部纤维具有使肩胛骨向上回旋的同时内旋的作用。因此，肩胛骨的后缩需要菱形肌和斜方肌的协调作用（图13c）。菱形肌和斜方肌根据肘撑姿势的不同，其运动会发生变化，这两块肌肉作为前锯肌的拮抗肌使肩胛骨稳定在胸廓上。

**图13 斜方肌－菱形肌复合体**

a 肘撑中下侧肩胛骨前伸

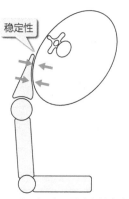

b 相对于肩胛骨稳定的胸廓

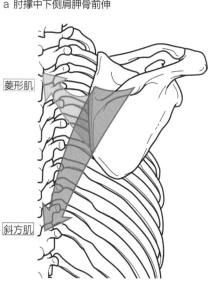

c 这两块肌肉相对于肩胛骨固定胸廓

#### ❖盂肱关节的稳定性

　　为了在肘撑时支撑体重，肱骨需要盂肱关节的稳定性。冈上肌、冈下肌、小圆肌、肩胛下肌构成肩袖肌腱，有助于提升盂肱关节的稳定性。用肘撑动作支撑体重时，冈下肌成为稳定盂肱关节的主动肌（图14）。另外，为了使肱骨头不向前伸出，肩胛下肌还承担着支撑关节前部的重要作用。胸大肌和背阔肌也具有使胸廓在肱骨上稳定运动的作用（图15）。

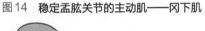

图14　稳定盂肱关节的主动肌——冈下肌

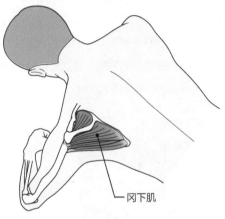

冈下肌

---

### 解剖检查！ 胸大肌和背阔肌（图15）

　　胸大肌和背阔肌分布在前后胸廓之间，共同止点在肱骨内侧。因此，其适合于调节肱骨在胸廓上的倾斜角度。如果胸大肌或背阔肌的运动过强或伸展性降低，胸廓就无法排列在肱骨的适当位置。

图15　胸大肌和背阔肌

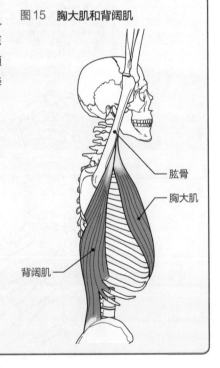

肱骨

胸大肌

背阔肌

### ❖第3阶段中肱三头肌的作用

在第3阶段的后半部分，在支撑体重的部位从肘部转换为腕部时，需要连接手腕—前臂—上臂—肩胛骨—胸廓以稳定支撑体重。在接下来的第4阶段中，必须用手腕推压床以使重心移动实现长坐位。肱三头肌连接前臂和上臂，有助于在前臂处形成支撑基底面（图16）。如果肱三头肌不能充分运动，前臂就不能形成支撑基底面，重心就不能从肘部向前移动。另外，手腕—前臂—上臂—肩胛骨—胸廓的各体节必须相互连接并协调运动。

图16 肱三头肌的作用

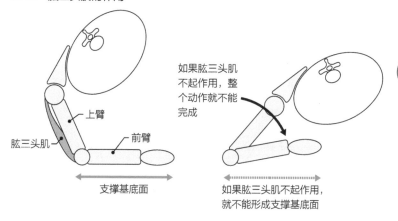

如果肱三头肌不起作用，整个动作就不能完成

上臂

肱三头肌

前臂

支撑基底面

如果肱三头肌不起作用，就不能形成支撑基底面

### ❖在第4阶段，小鱼际支撑体重

在小鱼际处形成支撑面，并在手腕外侧（即腕关节尺侧）处改变旋转轨迹的同时将躯干移至长坐位的支撑面内。此时，以小鱼际为支撑面，使

图17 起床的第4阶段

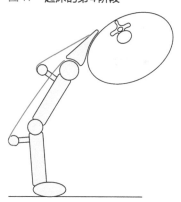

前臂—上臂—肩胛骨—胸廓的各体节对线连接。起床的第4阶段是前臂—上臂—肩胛骨这一连接体在狭窄的支撑面上像几层连接的起重机一样充分伸展，在其顶端悬挂着"躯干"这一重物的状态（图17）。而且，底座必须在狭窄的支撑面上回旋，并将重物搬到别的地方再慢慢放下。为了稳定地完成这种极其不稳定、高难度的动作，"用小鱼际支撑体重"具有重要的意义。

第4章 起床动作的分析

小鱼际提供了称为手臂线的肌肉链的基础（图18）[2]。手臂线中称为臂后深线的肌肉链由菱形肌—冈下肌—肱三头肌—尺骨骨间膜—桡侧副韧带通过筋膜连接构成，在小鱼际肌处结束。另外，称为臂前表线的肌肉链连接胸大肌—背阔肌—上臂内侧肌间隔—尺侧腕屈肌—腕关节屈肌群[2]。

当上肢基于小鱼际移动时，构成手臂线的肌肉通过肌肉链在小鱼际上进行协调运动，从而实现在小鱼际上对前臂—上臂—肩胛骨—胸廓的各体节的对线控制。这就是在柔道的被动动作或上肢的保护伸展等将手放在地板支撑体重的情况下，总要从小鱼际开始接触地板的原因。

在起床的第4阶段，用小鱼际支撑体重的另一个重要原因是腕关节尺侧的运动性。由于存在圆形的尺骨和关节圆盘，腕关节尺侧具有较大的旋转自由度（图19）。这种运动自由度使"起重机"的底座（小鱼际）能够旋转并将"货物"卸载到别的地方。这对于第4阶段中发生的重心移动具有重要的意义。

图18 以小鱼际为基础的手臂线

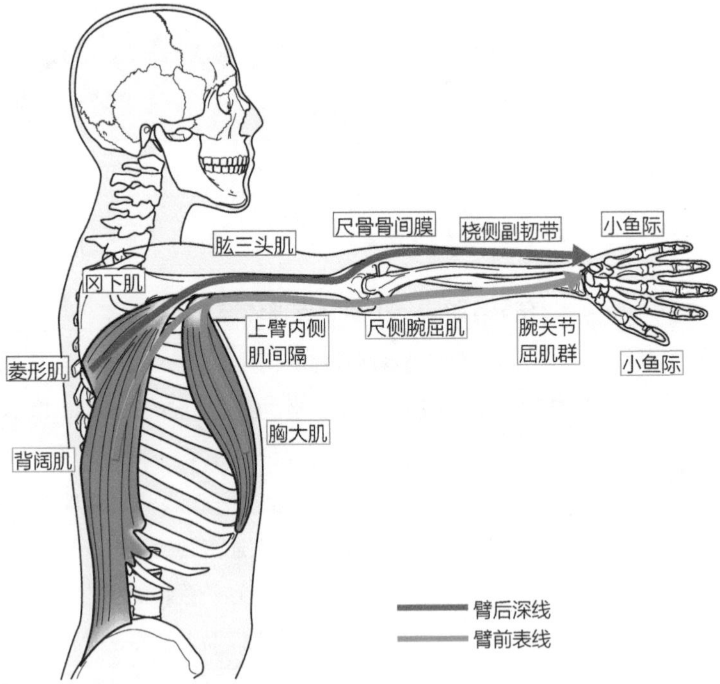

図19 腕关节尺侧的运动性

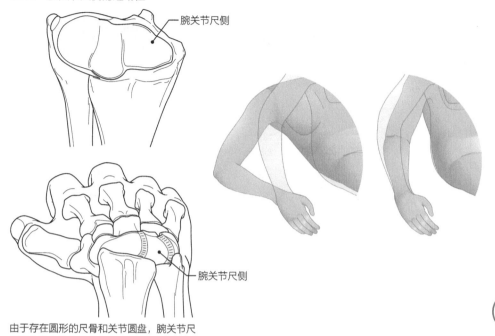

腕关节尺侧

腕关节尺侧

由于存在圆形的尺骨和关节圆盘，腕关节尺
侧具有较大的旋转自由度

## 重心移动

在起床的第4阶段中，用手腕上推上半身的同时，将身体重心移至骨盆和下肢组成的长坐位支撑基底面内。在前半部分，身体重心从肘部转移到腕关节上；在后半部分，用小鱼际推压床，使床面反作用力的作用点沿着与上升方向相反的方向移动，并使身体重心向长坐位的支撑基底面移动（图20）。继续用上肢推压床，直到身体重心移动到长坐位的支撑基底面内。如果手过早离开床，就无法稳定地实现长坐位。

图20　第4阶段后半部分的重心移动

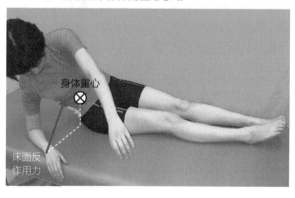

身体重心

床面反
作用力

通过用上肢按压床，
床面反作用力的作
用点移至侧面，从
而在身体重心周围
产生旋转力

# 3 通过目测进行的动作分析

## 动作整体特征的观察

### ❖动作整体观察

让患者通过自身力量从左右两侧起床，观察其能否起床、动作模式、用力度的差异。为了整体把握动作障碍，根据观察到的结果，明确表1所示的项目。这些项目对于把握患者侧卧动作的特征很重要。

**表1 通过动作观察明确的项目**

- 是不是使用躯干的屈曲旋转要素的动作
- 怎样做才能实现肘撑（抬起重心）
- 上肢能否支撑体重
- 重心是否随着支撑基底面的变化而移动，其支撑基底面是否可以支撑重心

**术语解释**

*1 肩胛带
肩胛带是包括胸骨、锁骨、肩胛骨、肱骨在内的上肢功能单位的术语。肩胛带的定义不明确，有时也包含前臂和手。肩胛骨的运动与肩关节复合体的多块骨骼的运动有关，因此肩胛带作为功能性单位使用。本书分别使用了肩胛骨和肩胛带这两个运动术语。例如，在介绍上肢伸展动作时，在描述肩胛骨本身的动作时使用"肩胛骨"一词；而在描述包括上肢动作在内的肩胛骨和上肢协调伸展的动作时，使用肩胛带一词。

起床动作和侧卧动作一样，是旋转运动延续性扩大的动作。通过观察运动的开始体节、体节的旋转运动顺序，可以了解患者的动作模式的整体情况。

在正常的起床动作中，首先发生的是头部的屈曲旋转，旋转运动从肩胛带[*1]、躯干上部、躯干下部延续到下肢。从头部开始的体轴内旋转是正常的起床动作的必需要素。使用屈曲旋转模式的侧卧动作和起床动作，从第1阶段到第2阶段的运动顺序相同这一点来看，可以理解为两者是类似的动作。

因此，在不能使用屈曲旋转模式进行侧卧时，应该认为起床动作也会出现问题。如果确认起床动作有问题，就必须分析侧卧动作。

起床动作的要点是肘撑实现机理，要分析通过控制旋转轨迹，利用躯干旋转的动量能否起床。过度使用上肢和下肢，拉动身体并大幅度摆动下肢而起床的过度用力性运动是患者使用的一种代偿模式，意味着使动作得以实现的机理存在异常。

仔细观察动作全过程，指导患者通过自身力量起床，观察头部、上肢、肩胛带、躯干上部、躯干下部、下肢的运动。需观察的项目如下所示。

## ❖ 第1~第2阶段（动作开始时至上肩越过下肩时）

• 与侧卧动作相同（参照"通过目测进行的动作分析"一节中的第51页）。

## ❖ 第3阶段（第2阶段结束至实现肘撑时）

### ■ 头部和躯干

• 能否屈曲头部，能否充分地屈曲或旋转躯干？

• 是否过度侧屈头部或躯干？

• 头部和躯干从侧卧至肘撑的旋转是否适当或不足？是否旋转过度？

• 能否连贯地从侧卧转换至肘撑？

• 肘撑时，躯干是否向相反方向旋转？

• 肩胛骨是否稳定在胸廓上？肩胛骨或其内侧边缘是否上提过多？

• 在上方骨盆完全从床上抬起之前，骨盆是否旋转？

• 躯干是否因腹斜肌的运动而屈曲旋转？

• 上半身的重心是否位于支撑面的适当位置？

### ■ 上肢和下肢

• 支撑侧肩关节停止水平内收时，肘关节是否屈曲？

• 用肘部按压床后，肩关节是否水平外展至起床？

• 支撑侧的上臂处于垂直位时，肩部到肘部是否充分受力？

• 支撑侧肘部摆放的位置是否适当？是否太靠近体侧或太远离体侧？

• 支撑侧的肩胛带是否稳定，以支撑胸廓？

• 支撑侧的肘部角度是否为90°？

• 上方上肢摆放的位置是否适当？是否过度紧张？

• 是否用上方上肢支撑体重？

• 支撑侧或上方的上肢是否抓东西？

• 上方下肢是否随骨盆的运动而内收？

• 下方下肢是否随骨盆的运动而外展？

• 两侧的髋关节或膝关节是否适当伸展并提供平衡力[*2]？

• 下肢是否抬起或屈曲？

• 髋关节是否屈曲以不阻碍骨盆的适当上抬？

### 术语解释

[*2] **平衡力**[3]

一种使参加运动的体节以外的体节在完成目标运动时向与目标方向相反的方向移动，用体节的重量保持平衡的姿势控制策略。

## █ 偏离正常动作模式的解释和推论

表2是动作模式障碍中的问题动作。在起床动作的第1阶段和第2阶段中观察到的问题动作，与在侧卧动作中发现的问题动作相同（详细信息请参考"通过目测进行的动作分析"一节中的第52页～第58页）。在此，主要说明起床动作的特性障碍动作——肘撑时常见的现象。

#### 表2 临床所见

- 试图以上肢的力量实现肘撑而过度用力时被向后推
- 拉扶手或支撑物以实现肘撑
- 实现肘撑时髋关节和膝关节同时屈曲，无法起床
- 上肢摆放位置过于靠近头侧和体侧，无法从肘撑坐起
- 用上方上肢按压床，用双手起床
- 实现肘撑时，下方上肢无法支撑体重而卧倒
- 从肘撑到实现坐位时，身体重心无法移至臀部和下肢形成的支撑基底面内

### ❖ 试图以上肢的力量实现肘撑而过度用力时被向后推的解释和推论（图21）

有很多患者在试图以上肢的力量实现肘撑而过度用力时被向后推（图21）。大多数难以起床的患者都不能进行肘撑。为实现肘撑，患者以肘部为支点试图使肩关节水平外展而抬高躯干上部。结果，上方肩关节向与旋转方向相反的方向移动而制动躯干的旋转。

这种动作模式障碍多由躯干不能屈曲旋转导致。其主要原因有：①胸椎和胸廓的运动范围受限；②腹斜肌群的肌力下降；③使用屈曲旋转模式的侧卧动作的机理存在障碍等。

同样，如果过早地尝试肘撑，则由于在躯干旋转不充分的状态下使用上肢起床，上方肩关节会向与旋转方向相反的方向运动而制动躯干的旋转。

当使用前伸旋转模式进行侧卧的脑卒中偏瘫患者试图从非瘫痪侧起床时，由于瘫痪侧背阔肌的紧张，瘫痪侧的上肢就会被向后拉。由于在瘫痪侧肩胛骨不前伸的状态下侧卧并试图起床，因此阻碍体轴内旋转。结果引起过度运动的起床动作并导致联合反应，从而促进上肢后伸（图22）。

图21 试图以上肢的力量实现肘撑

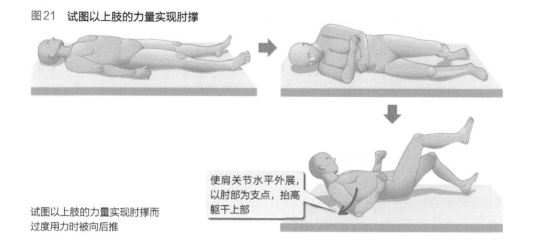

使肩关节水平外展，
以肘部为支点，抬高
躯干上部

试图以上肢的力量实现肘撑而
过度用力时被向后推

图22 脑卒中偏瘫患者的上肢屈肌共同运动模式和躯干伸肌占主导的起床动作

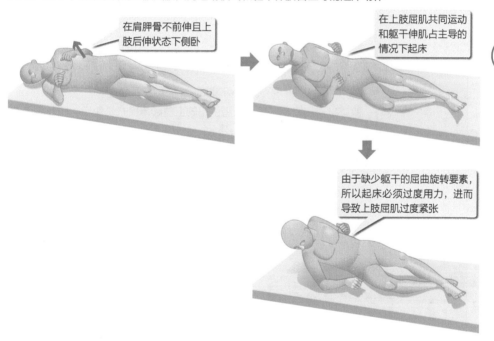

在肩胛骨不前伸且上
肢后伸状态下侧卧

在上肢屈肌共同运动
和躯干伸肌占主导的
情况下起床

由于缺少躯干的屈曲旋转要
素，所以起床必须过度用力，进而
导致上肢屈肌过度紧张

## ❖拉扶手或支撑物以实现肘撑的解释和推论（图23和图24）

躯干屈肌群无法产生起床所需的肌力或起床所需的躯干和髋关节的运动范围不足的患者，会试图通过拉扶手或支撑物以实现起床。此外，如果存在阻碍侧卧动作的因素，则无法在起床的第1或第2阶段中产生旋转力，这时也需要代偿性地拉扶手或支撑物以实现肘撑。

其主要原因是关节运动范围受限和肌力不足、运动麻痹导致的：①无法控制头颈部的运动，②无法通过髋关节的两侧性运动产生侧卧所需的旋转力，③躯干不能屈曲旋转，④某些身体部位阻碍身体旋转等。

当存在身体失认障碍、感觉障碍和非瘫痪侧过度指向性运动的脑卒中偏瘫患者试图从非瘫痪侧起床时，瘫痪侧不参与运动，并成为阻止身体旋转的因素（图23）。因此为了代偿瘫痪侧的运动，这类患者会用非瘫痪侧上肢拉起躯体以实现起床。这种代偿性运动使非瘫痪侧的指向性越来越强，从而更牢固地构成了无视瘫痪侧的动作模式。

股骨颈骨折的患者，因为患侧髋关节不能从外展位或外旋位开始运动，导致骨盆—躯干旋转困难，继而也无法实现肘撑（图24），容易使用代偿动作——使用上肢的起床模式。

偏瘫患者和股骨颈骨折患者使用的上肢起床模式是使用上肢屈肌的动作模式，因此无法在支撑体重的同时伸展上肢。因此，在使用上肢的起床模式中，即使实现肘撑后也无法移动到第4阶段。

图23　试图通过拉扶手或支撑物以实现肘撑①

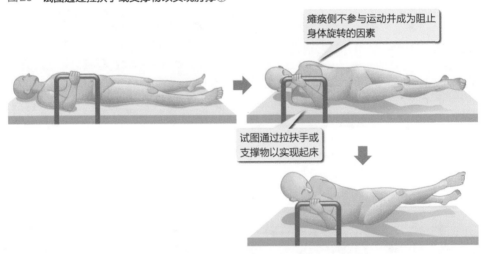

瘫痪侧不参与运动并成为阻止身体旋转的因素

试图通过拉扶手或支撑物以实现起床

图24 试图通过拉扶手或支撑物以实现肘撑②（上方髋关节处于外旋位时起床）

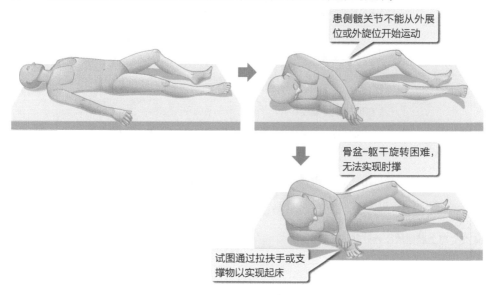

患侧髋关节不能从外展位或外旋位开始运动

骨盆-躯干旋转困难，无法实现肘撑

试图通过拉扶手或支撑物以实现起床

### ❖实现肘撑时髋关节和膝关节同时屈曲而无法促进下肢平衡进而导致无法起床时的解释和推论（图25）

因过度用力而引发联合反应的患者，髋关节和膝关节同时屈曲，下肢不能充分提供旋转上半身所需的平衡力量，导致运动受阻（图25）。

此情况也适用于屈曲髋关节和膝关节并以下肢的重量旋转骨盆进行侧卧的患者，因为髋关节和膝关节在实现肘撑的同时屈曲，下肢不能充分提供所需的平衡力量，进而导致无法起床。

图25 髋关节和膝关节同时屈曲，无法起床

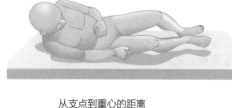

髋关节和膝关节在实现肘撑的同时屈曲而无法促进下肢平衡进而导致无法起床

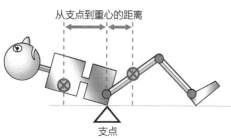

从支点到重心的距离

支点

下肢屈曲时上半身和下半身失去平衡，导致上半身无法上抬

### ❖ 上肢摆放位置过于靠近头侧和体侧，无法从肘撑坐起时的解释和推论（图26）

不使用躯干的屈曲运动，试图仅通过上肢的伸展运动将躯干向上推的患者在实现肘撑时肘部更靠近头部，且肩关节外旋、手更远离肘部。因此，从肘撑到实现坐位过程中，上肢的重量过大，手无法摆放回体侧，无法实现坐位（图26）。

这是在腹斜肌和腹直肌的肌力显著下降的患者中常见的动作模式。另外，这也是在侧卧后再起床的患者中常见的代偿动作模式。将上肢摆放在头侧，可以缩短实现肘撑时上半身重心的上抬距离。但是，从肘撑实现坐位时，其距离会变长。

图26　将上肢摆放在远处并试图起床

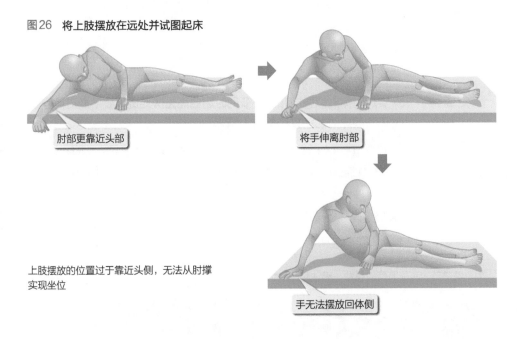

肘部更靠近头部

将手伸离肘部

上肢摆放的位置过于靠近头侧，无法从肘撑
实现坐位

手无法摆放回体侧

### ❖ 用上方上肢按压床，用双手起床时的解释和推论（图27）

在健康成年人的起床动作中，上方上肢不推压床。上肢推压床的动作是在无法从侧卧开始连贯地实现肘撑，需经侧卧后再起床的患者中所观察到的障碍现象。从侧卧位开始，上方上肢按压床以支撑体重的同时，下方上肢远离体侧并伸直。这是用上肢的力量使身体重心移动的动作模式，是不能发挥腹部肌群和髋关节周围肌群肌力的患者所使用的代偿动作。

图27 用上方上肢按压床，用双手起床

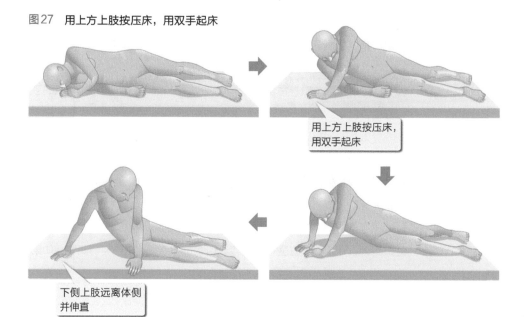

用上方上肢按压床，
用双手起床

下侧上肢远离体侧
并伸直

### ❖ 实现肘撑时，下方上肢无法支撑体重而卧倒的解释和推论（图28）

为了在起床动作的第3阶段实现肘撑，不仅需要肩胛骨相对于肱骨保持稳定，还需要胸廓相对于肩胛骨稳定。如果肩胛骨不能相对于肱骨保持稳定，则在实现肘撑时上肢无法支撑体重，肩关节在伸展或内旋的同时会向后倒下（图28）。另外，如果不能使胸廓相对于肩胛骨稳定，则不能使胸廓充分旋转，进而不能将上半身重心移至上肢形成的支撑基底面内。

图28 实现肘撑时，下方上肢无法支撑体重而卧倒

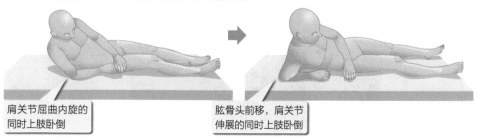

肩关节屈曲内旋的
同时上肢卧倒

肱骨头前移，肩关节
伸展的同时上肢卧倒

肩胛骨不能相对于肱骨保持稳定时，首先要考虑冈上肌、冈下肌、小圆肌、肩胛下肌是否存在功能障碍。尤其是冈下肌，如果存在功能障碍，则会导致肘撑时盂肱关节的稳定性出现严重问题。另外，若发生肱骨头前移，则考虑肩胛下肌存在功能障碍。除此之外，如果胸大肌和背阔肌的紧张程度不适当，其中一方过于紧张或伸展性下降也会导致肩胛骨无法稳定在肱骨上（图29）。

当胸廓不能相对于肩胛骨稳定时，考虑是菱形肌、斜方肌、前锯肌存在功能障碍。另外，胸椎旋转运动性受限的患者有时会通过肩胛胸壁关节的过度运动代偿胸椎降低的旋转运动性。在实现肘撑时，如果确认肩胛骨的内侧缘从胸廓突起（图30），除了考虑菱形肌、斜方肌、前锯肌存在功能障碍外，还需要检查胸椎的旋转运动性是否降低。在任何情况下，如果肩胛胸壁关节缺乏稳定性，则不能使胸廓充分旋转，进而导致上半身重心无法移至上肢形成的支撑基底面内。

**图29　背阔肌伸展性降低**

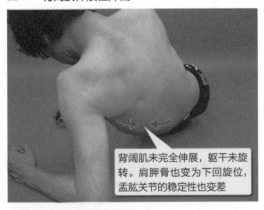

背阔肌未完全伸展，躯干未旋转。肩胛骨也变为下回旋位，盂肱关节的稳定性也变差

**图30　肩胛骨稳定性下降**

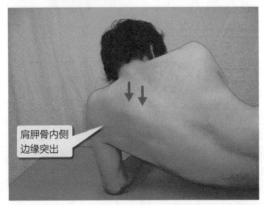

肩胛骨内侧边缘突出

### ❖ 从肘撑到实现坐位时，身体重心无法移至臀部和下肢形成的支撑基底面内时的解释和推论（图31）

实现肘撑后必须在用下方上肢按压床的同时将重心移至臀部和下肢形成的支撑基底面内，否则无法实现长坐位。肘撑实现时，肘关节立即支撑体重。胸椎的旋转运动性和髋关节的屈曲运动性低下的患者无法将支撑体重的部位移至手腕，因此无法用上肢按压床以使身体重心移至臀部和下肢形成的支撑基底面内。

另外，腘绳肌的伸展性低下的患者也不能保持长坐位，因此不能将身体重心移至臀部和下肢形成的支撑基底面内。这类患者从肘撑到实现长坐位时，通过屈膝来代偿腘绳肌的伸展性低下。因此，躯干旋转所需的下肢的平衡性不足，进而难以使躯干向臀部上方移动。

在起床的第1、第2阶段中试图用下方上肢拉支撑物以提供身体旋转力的患者，为了用上肢拉支撑物，屈肌占优势。因此，从肘撑到上肢支撑体重的伸肌不能运动，导致无法按压床使身体重心上移。

图31　身体重心无法移至臀部和下肢形成的支撑基底面内

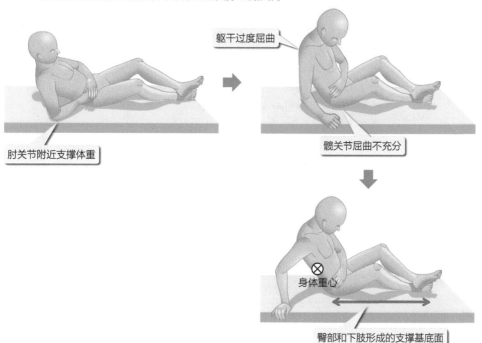

# 4 动作机理分析

通过对动作的观察，如果整体把握了动作障碍，那么接下来就该分析动作机理及动作状况，明确"无法肘撑后再起床是因为缺少了哪种机理"。为了明确无法肘撑后再起床的原因，必须先明确使用屈曲旋转模式的侧卧动作得以实现的机理及其动作状况，在此基础上再对使肘撑得以实现的机理及从肘撑实现坐位的机理进行分析。

为了分析经由肘撑的起床动作的机理，检查人员应引导患者做表3所示的动作，确认引导动作时需要多大辅助量。引导时，通过检查人员观察到的患者的反应进行第1章的表1（第3页）所示的分类，可以在一定程度上预测动作机理的阻碍因素。

### 表3　检查人员引导的动作

- 头部的屈曲和旋转
- 上方上肢的上抬
- 肩胛骨的前伸
- 躯干上部的旋转
- 下方肩胛骨的前伸
- 躯干的抗重力屈曲运动
- 肘撑
- 肩胛带的稳定性运动
- 盂肱关节的稳定性运动
- 通过上肢上提身体重心

## 肘撑实现机理的引导

### ❖引导上肢（图32）

#### ■ 引导顺序

①略微背屈腕关节的同时屈曲肘关节至拇指与前臂的长轴重合（图32a）。

②略微旋后前臂的同时引导肩关节屈曲和外旋，慢慢伸展肘关节，将上肢向前抬起至手与面部平齐的位置。

③沿长轴方向引导上肢的同时促进肩胛骨前伸。

④引导上肢从外侧向内侧画小圈运动的同时前臂旋前，使前臂越过中线向侧卧侧的髂嵴伸展。通过该引导，躯干上部屈曲、旋转（图32b）。

⑤当上肩与下肩对线时，将上肢的引导方向改为与下方前臂接触（图32c）。通过该引导，以肩关节为中心的身体的旋转运动停止，并改为以肘关节为中心的旋转运动，实现肘撑（图32d）。

图32　肘撑实现机理的引导①（引导上肢）

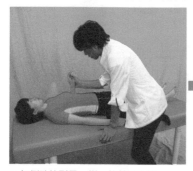

a 与侧卧的引导一样，使前臂上抬

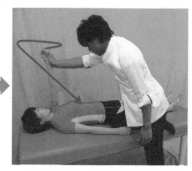

b 促进上肢伸展，使躯干上部屈曲、旋转

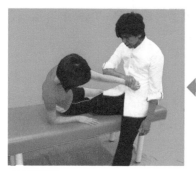

d 实现肘撑

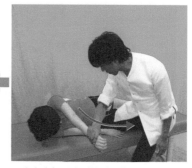

c 当上肩与下肩对线时，将上肢的引导方向改为与下方前臂接触

#### ❖引导肩胛骨前伸（图33）

■ 引导顺序

①检查人员托着患者上方上肢，将其摆放在不阻碍肩胛骨运动的位置。

②引导肩胛骨略微向上回旋的同时前伸（图33a）。如果头颈部的控制不存在障碍，则通过肩胛骨的引导，头部会向侧卧方向旋转。

③随着肩胛骨前伸，躯干上部向侧卧方向屈曲旋转。

④使肩胛骨前伸，引导胸椎旋转，直到上肩与下肩对线（图33b）。

⑤当上肩与下肩对线时，将肩胛骨的引导方向改为与下方前臂的长轴方向重合（图33c）。通过该引导，以肩关节为中心的身体的旋转运动转变为以肘关节为中心的旋转运动，实现肘撑。

图33 肘撑实现机理的引导②（引导肩胛骨前伸）

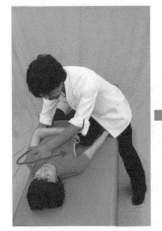  

a 引导肩胛骨向上回旋+前伸　　b 引导肩胛骨前伸+胸椎旋转　　c 改变肩胛骨的引导方向

### ▌手腕—前臂—上臂—肩胛骨—胸廓的连接与重心移动

#### ❖引导上肢（图34）

■ 引导顺序

①引导上肢至肘撑（与第111页的"引导上肢"操作相同）。

②检查人员继续引导上肢伸展（图34a），直至下方上肢支撑体重的部位移至手腕。

③在确认小鱼际推压床并施加了压力后，将上肢的引导方向变为引导前臂旋后，肩关节屈曲、外展、外旋（图34b）。通过该引导，下方上肢像推压床一样伸展，身体重心向长坐位的支撑基底面移动。

图34 手腕—前臂—上臂—肩胛骨—胸廓的连接和重心移动①（引导上肢）

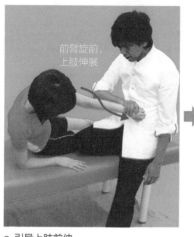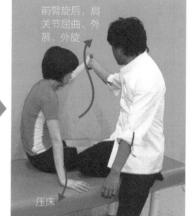

前臂旋前，上肢伸展

前臂旋后，肩关节屈曲、外展、外旋

压床

a 引导上肢前伸　　　　　　　　　　b 改变上肢的引导方向

## ❖引导肩胛骨前伸（图35）

### ■ 引导顺序

①引导上方肩胛骨至肘撑（与第112页的"引导肩胛骨前伸"操作相同）。

②检查人员继续引导肩胛骨前伸（图35a），直至下方上肢支撑体重的部位移至手腕。

③在确认小鱼际推压床并施加了压力后，将肩胛骨的引导方向变为引导向上回旋、后缩（图35b）。通过该引导，下方上肢像推压床一样伸展，身体重心向长坐位的支撑基底面移动。

图35 手腕—前臂—上臂—肩胛骨—胸廓的连接和重心移动②（引导肩胛骨前伸）

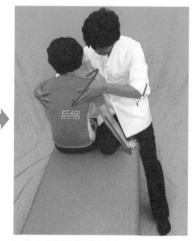

肩胛骨前伸

后缩

a 引导肩胛骨前伸　　　　　　　　　b 改变肩胛骨的引导方向

# 5 为推断阻碍动作机理原因的分析

为了明确动作障碍的原因，在引导动作机理时需要观察患者的反应，对导致这种反应的原因提出假设。起床动作的第1、第2阶段与使用屈曲旋转模式的侧卧动作具有相同的机理。因此，在难以实现起床动作时，首先对侧卧动作得以实现的机理进行分析 [ 参照第3章的"动作机理分析"一节（第59页～第63页）]。在此基础上，对起床动作固有机理——肘撑实现机理进行分析。虽然通过仔细观察患者对引导运动的反应可以在一定程度上预测运动机理的阻碍因素，但为了做出准确的判断，应进行以下分析。

## ◗肘撑困难

### ❖体轴内旋转运动性分析

起床动作的第1阶段和第2阶段中的体轴内旋转与侧卧动作相同，第3阶段中的体轴内旋转与侧卧动作不同。起床动作的第3阶段中的体轴内旋转与侧卧动作相比，脊椎的屈曲程度更大。为了在脊柱大幅度屈曲的同时使胸椎旋转，需要背肌具有伸展性。

可按照以下顺序进行起床动作中必要的脊柱运动性分析。

让患者坐立，检查人员从后方支撑患者的躯干（图36a）。

慢慢屈曲脊柱至骨盆、腰部与床面接触的半卧位姿势（图36b）。

此时开始旋转胸椎直至一侧的肘部接触床面（图36c）。

此时，应注意防止骨盆过度旋转，在两侧臀部接触床面的状态下，使上臂垂直于床面，分析能否实现肘撑（图36d）。

让患者仰卧，进行第3章中图63（第77页）所示的胸椎旋转运动性分析。在该分析中，如果胸椎的旋转运动无障碍，但伴随脊柱屈曲的旋转存在障碍时，则怀疑附着在肋骨上的背部肌群的伸展性降低；如果旋转运动存在问题，而且即使进行伴随脊柱屈曲的旋转也出现同样程度的旋转运动性降低时，则怀疑第3章表11（第78页）所示的在胸椎和肋骨之间移行的肌群的伸展性降低。

在起床动作的第3阶段中，为了在支撑上半身重量的同时实现肘撑，需要下方盂肱关节和肩胛胸壁关节具有充分的稳定性。起床动作是用上肢支撑体重的动作，如果肩胛带和躯干上部的稳定性不足，则无法起床。

图36 体轴内旋转运动性分析

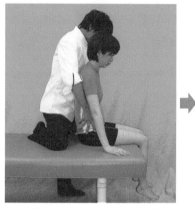

a 让患者端坐，检查人员从后方支撑患者的躯干

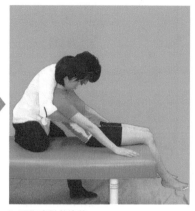

b 采取半卧位姿势

d 分析能否实现肘撑

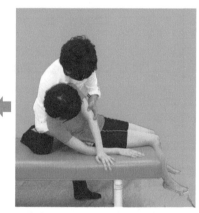

c 旋转胸椎，使一侧肘部接触床面

## ❖肩胛胸壁关节稳定性分析

为了在起床动作的第3阶段实现肘撑，必须在肩胛骨稳定的前提下进行胸廓的旋转。分析菱形肌、前锯肌、斜方肌中部及下部纤维是否协调地使肩胛胸壁关节稳定。

让患者采取端坐或长坐位姿势。此时检查人员徒手固定患者的胸廓，并将其一侧肘部贴床，使其肘撑（图37a）。

确认患者用肘部支撑体重后，引导胸廓至支撑体重的上臂与两侧肩峰对线（图37b）。

此时，使胸廓向肘撑侧旋转（图37c），然后检查在此过程中肩胛骨是否一直紧贴胸廓。

如果肩胛骨从胸廓上上抬，则需要使用徒手肌力检查等方法检查菱形肌、前锯肌、斜方肌中部及下部纤维的肌力。具体来说，就是上臂垂直于地面或床，在肘部伸展的状态下，像按压地面或床一样，使肩胛骨前伸[参照第3章的图56（第73页）]。此时，如果肩胛骨内侧边缘抬起，则怀疑前锯肌存在功能障碍。另外，如果此时肩胛骨向下回旋，则认为斜方肌存在功能障碍，如果向上回旋增强，则认为菱形肌存在功能障碍。

由于前锯肌和斜方肌存在功能障碍的患者使用屈曲脊柱以使肩胛骨前伸的代偿模式，因此也必须仔细观察脊柱的运动。

图37　肩胛胸壁关节稳定性分析

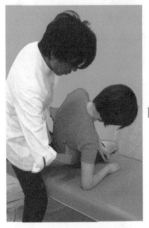 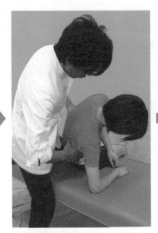 

a 在固定患者胸廓的同时使其肘撑

b 胸廓的引导

c 使胸廓向肘撑侧旋转，检查在此过程中肩胛骨是否一直紧贴胸廓

肘撑时，为了使肱骨支撑体重，必须通过冈上肌、冈下肌、小圆肌、肩胛下肌确保盂肱关节的稳定性。

进行第3章中图60（第75页）的分析，检查冈上肌、冈下肌、小圆肌、肩胛下肌对肱骨头的稳定作用。

然后，让患者采取端坐或长坐位姿势。此时检查人员徒手固定患者的胸廓，并将其一侧肘部贴床，分析在肱骨垂直的状态下能否实现肘撑（图38a）。

在上臂与床面保持垂直的状态下回旋胸椎。并且，引导胸廓直至支撑体重的上臂与两侧肩峰对线，然后使胸廓向肘撑侧旋转（图38b）。

检查肱骨头是否前移，肱骨是否内收（图38c）。

肱骨内收至肘撑塌陷时，冈下肌存在功能障碍；肱骨头前移至肘撑塌陷时，肩胛下肌存在功能障碍。

图38　盂肱关节稳定性分析

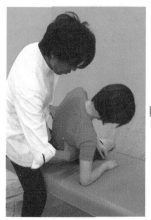 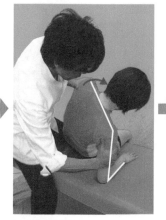 

a 在固定患者胸廓的同时使其肘撑　　b 胸廓的引导　　c 检查肱骨头是否前移，肱骨是否内收

### 无法用肘撑实现长坐位

用小鱼际支撑体重的同时，必须将上半身重心推出至坐位的支撑基底面内，否则就无法完成起床动作。对于使起床的第4阶段得以实现的上肢功能来说，伸臂、肩胛骨前伸、盂肱关节及肩胛胸壁关节的稳定性是重要的运动学要素。应该事先对这些功能进行单独分析，明确有问题的要素；然后分析承重位下的上肢在床上移动身体重心的功能。

第4章　起床动作的分析

## ❖ 以小鱼际为支点的上肢伸展分析

在分析承重位之前，应对上肢伸展的功能进行分析。

患者端坐，分析对患者的小鱼际施加阻力时上肢能否伸展（图39a）。

然后，依次变换伸展方向（前方、斜前方、侧面、斜后方），检查上肢能否向所有方向伸展（图39b）。

另外，分析前臂的旋前和旋后是否可以与在每个方向上的伸展相结合（图40）。

图39　以小鱼际为支点的上肢伸展分析

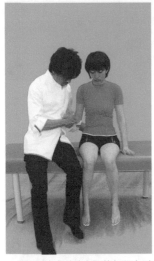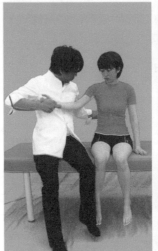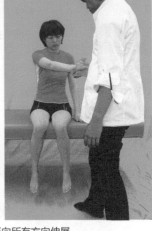

a 分析对患者的小鱼际施加阻力时
　上肢能否伸展

b 检查上肢能否向所有方向伸展

图40　与前臂的旋前和旋后相结合的伸臂分析

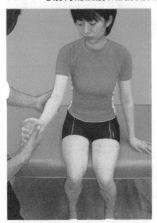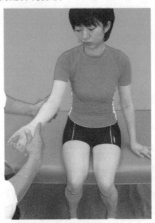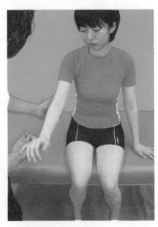

a 向前伸臂

b 与旋后结合的伸臂

c 与旋前结合的伸臂

如果肱二头肌的紧张度过高或肱三头肌的紧张度过低，则随着伸展方向从前方向侧面、后方的变化，肘部的伸展受限，按压力减小（图41）。另外，当肩胛骨缺乏稳定性时，上肢无法克服阻力而伸展。肩胛骨上抬或向下回旋时，检查人员徒手固定患者肩胛骨并使其前伸，检查是否可以向前伸臂（图42）。固定肩胛骨后，如果还能向前伸臂，则说明肩胛骨稳定性存在障碍。

随着上肢前伸，如果骨盆后倾，或躯干屈曲、侧倾、旋转，则躯干的稳定性很有可能存在障碍。如果检查人员徒手固定患者躯干后，患者上肢的伸展情况改善，则说明患者躯干的稳定性存在障碍（图43）。

**图41　伸展方向变化导致按压力减小**

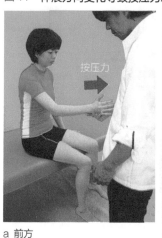 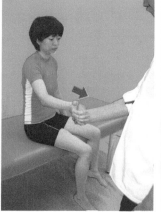 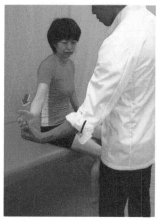

a 前方　　　　　　　　　　b 斜前方　　　　　　　　　c 侧面

**图42　固定肩胛骨后的伸臂分析**

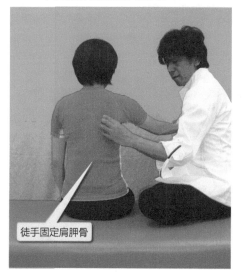

**图43　固定躯干后的伸臂分析**

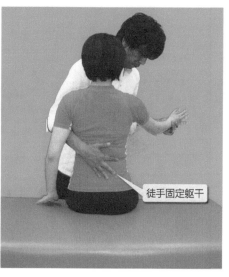

### ❖以承重位的小鱼际为支点的上肢伸展分析

分析在端坐后肘撑、以小鱼际为支点的上肢能否将躯干向上推至正中位（图44）。此时，检查从肘撑到坐位上肢是否一直按压着床。在上肢的屈肌占优势，而伸肌的运动受限时，手指会过度屈曲，途中手掌会离开床面。

另外，为了分析腕关节的运动性，可让患者用手掌半攥着球，同时检查人员对患者上肢施压。分析球在该状态下是否可以旋转（图45）。

图44　以承重位的小鱼际为支点的上肢伸展分析

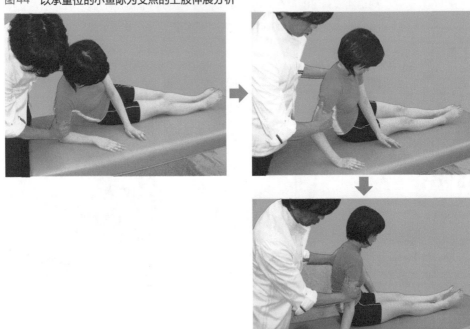

图45　腕关节运动性分析

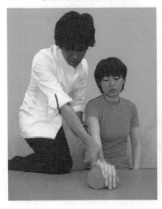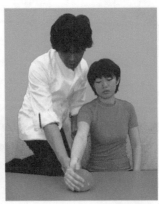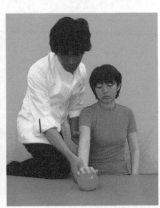

◎参考文献

[1] Ford-Smith C. D., VanSant A.F.: Age differences in movement patterns used to rise from a bed in subjects in the third through fifth decades of age.Phys Ther. 73(5): 305, 1993.

[2] Thomas W. Myers 著，板場英行 訳：アナトミー・トレイン 第2版，p.167-185，医学書院，2012.

[3] Klein-Vogelbach: Functional Kinetics. Springer, Heidelberg, 1976.

第４章　起床动作的分析

# 第5章 起立及坐下动作的分析

# 1 起立及坐下动作的概述

## 起立及坐下动作运动模式的普遍特征

从椅子上站起来或坐下的动作是用下肢支撑体重的同时在狭窄的支撑基底面中大幅度上下移动身体重心的动作，从姿势控制的角度来看，这是非常困难的动作。从坐姿到站姿的姿势变化是与从床到轮椅、厕所的移动等日常生活活动密切相关的基本动作。能够独立起立、坐下可以极大地扩大日常生活的范围。从坐立状态下站起来这一动作对步行动作来说也是必不可少的；站不起来就无法步行。

起立及坐下动作的普遍特征是：①与支撑基底面的变化相关的身体重心的前后移动，②目的动作——身体重心的上下移动，两者同时进行。坐在椅子上时的支撑基底面由臀部和足部形成（图1a）。因此，在坐立姿势中，如果身体重心在臀部和足部所形成的宽广的支撑基底面内，则可以使身体稳定。但是，从臀部抬离座位的瞬间开始，支撑基底面仅由足部形成，位置前移，面积变小（图1b）。因此，从椅子上站起来时，必须在向前、向上移动身体重心后臀部才能离开座位。在坐下的动作中，由于座位在后方，所以必须在身体重心向后移动的同时坐下（图2）。

图1 **起立动作**

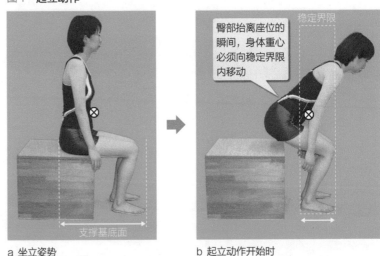

臀部抬离座位的瞬间，身体重心必须向稳定界限内移动

稳定界限

支撑基底面

a 坐立姿势

b 起立动作开始时

必须使与支撑基底面的变化相关的身体重心的前后移动和目的动作——身体重心的上下移动同时进行

图2 坐下动作

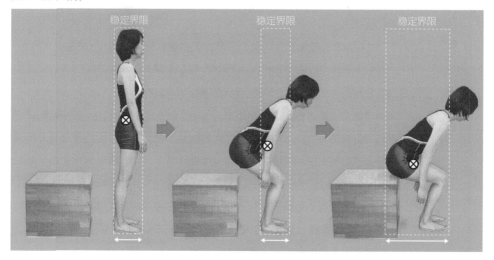

这种起立、坐下动作要求同时协调身体重心进行前、后、上、下方向的移动。类似于起立、坐下动作的动作是下蹲动作（图3），该动作从站立位屈伸下肢。下蹲动作和起立、坐下动作对身体重心的控制不同。在下蹲动作中，由于支撑基底面始终是固定不变的，所以不需要像起立、坐下动作那样向水平方向移动身体重心。很多患者即使可以下蹲也无法完成起立、坐下，这是因为在起立、坐下动作中，对身体重心的控制更困难。

图3 下蹲动作

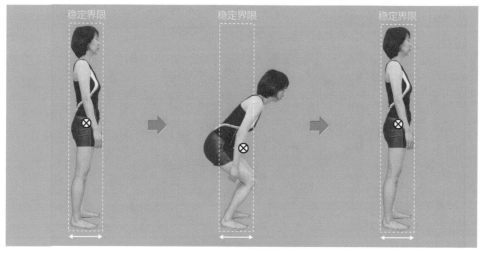

### ❖ 起立及坐下动作的运动模式

#### ■ 起立动作

起立动作的普遍特征是，将身体重心移至足部形成的支撑基底面内后，再向上移动。具有健康成年人所使用的运动模式的普遍特征的重心控制策略分为3种[1]，即稳定策略、动量策略及其混合型。

稳定策略也称为力控制策略（force control strategy）。这种策略是指先屈曲髋关节，使上半身大幅度向前倾斜，进而使身体重心移至足部形成的支撑基底面内后再站起来的运动策略（图4a）。个体主要是在慢慢站立时才会选择该运动模式。在稳定策略中，身体重心平稳地向目标位置移动。

动量策略是身体重心向前加速，然后再站起来的运动策略（图4b）。这种策略中，在身体重心移至足部形成的支撑基底面内之前，臀部抬离座位。此时，由于身体重心有向前加速的动量，因此，即使臀部在身体重心没有移至足部形成的支撑基底面内时就离开座位，也不会向后方跌倒。由于动量策略是利用动量站起来的，因此上半身不需要像稳定策略那样大幅度前倾。通常，健康成年人站起来时所使用的运动模式是动量策略。但是，如果在该运动模式中，在臀部离开座位的瞬间，身体重心没有移至支撑基底面内，就会因为动量不足而向后倒下。相反，如果过于用力，身体就会向前方倒下。因此，这是一种难以把握动量的动作模式。

图4　**起立动作中的两种重心控制策略**

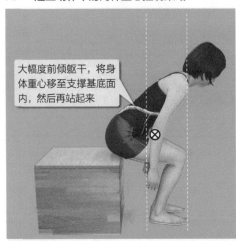

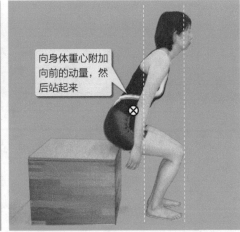

a 稳定策略　　　　　　　　　　　　　　　b 动量策略

健康成年人在起立动作中所使用的运动模式大致可以分为：大幅度前倾躯干，将身体重心移至足部形成的支撑基底面内后再站起来的运动模式和利用动量站起来的运动模式。难以站起来的患者多选择用手拉支撑物以站起来的运动模式（图5）。这是一种身体重心无法前移，在臀部抬离座位的瞬间快要向后方跌倒时，用上肢牵引来代偿的运动模式。在这种运动模式下，没有支撑物就无法站起来。

图5　难以起立的患者

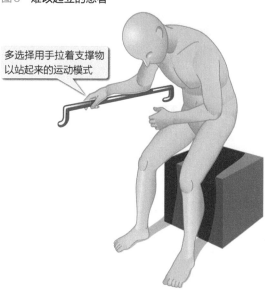

多选择用手拉着支撑物以站起来的运动模式

■ 坐下动作

　　坐下动作的普遍特征是，在身体重心向下移动的同时使臀部与座位面接触，身体重心移至臀部形成的支撑基底面内。坐下动作是指支撑基底面向后移动的动作，身体重心的下降和后移必须协调进行。如果身体重心不后移，臀部就不能与座位面接触；如果身体重心后移过多，在臀部与座位面接触之前就会向后跌倒。在稳定的坐下动作中，身体重心移至腿部形成的支撑基底面内的同时臀部向后移动，并且在臀部接触座位面后，身体重心移至臀部的正上方。

　　身体重心的下降通过膝关节的屈曲来实现，身体重心的前后移动通过躯干的前倾和踝关节的背屈协调来实现。

## ▎起立动作的顺序

### ❖第1阶段　重心前移期（图6）

　　起立动作的第1阶段是指从坐姿到臀部抬离座位，为了使身体重心前移而前倾躯干的阶段。该运动由髋关节屈曲导致的骨盆前倾引导，颈部、躯干基本保持在中立位，脊柱不屈曲。慢慢站起来时躯干向前大幅度倾斜，以正常速度站起来时会对身体重心施加加速度，因此躯干不会大幅度倾斜。

　　髋关节不断屈曲至躯干前倾、头部稍位于足趾前方，下肢为承重做准备（股四头肌、臀大肌、腘绳肌的紧张程度加剧，小腿与地面垂直）。左右下肢形成对称角度。

### ❖第2阶段　臀部抬离座位期（图7）

　　起立动作的第2阶段是指从臀部抬离座位到踝关节最大限度背屈的阶段。当身体重心向前移动、臀部上抬时，膝关节略微前移，踝关节背屈。通过该运动，小腿以起立的最佳前倾角度站立。

　　髋关节停止屈曲时伸展膝关节，臀部抬离座位。此时，踝关节的背屈角度最大。

　　左右足底完全接触地面，然后推压地板使足跟受力。在正常的起立动作中，不会出现足跟抬起或只有足底外侧着地的情况。

　　前足部紧贴地面，使身体重心容易向前移动。足趾不会强烈屈曲或伸展。

### ❖第3阶段　重心上移期（图8）

　　起立动作的第3阶段是指从踝关节最大背屈位到髋关节伸展结束的阶段。臀部抬起，重力线穿过两足部形成的狭窄支撑面后，头部和臀部同时向靠近重力线的方向移动，此时身体重心开始上移。髋关节和膝关节同时伸展。踝关节从背屈位开始慢慢地跖屈的同时进行调整，以使身体重心不偏离支撑基底面。

**图6 起立动作的顺序（第1阶段 重心前移期）**

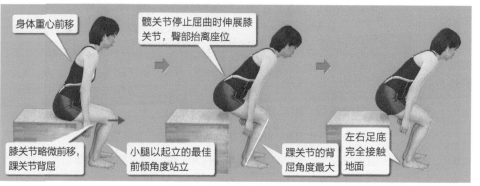

颈部、躯干基本保持在中立位

髋关节不断屈曲至躯干前倾、头部稍位于足趾前方

髋关节屈曲导致的骨盆前倾

下肢为承重做准备（股四头肌、臀大肌、腘绳肌的紧张程度加剧）

**图7 起立动作的顺序（第2阶段 臀部抬离座位期）**

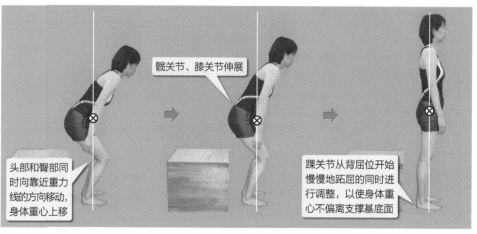

身体重心前移

髋关节停止屈曲时伸展膝关节，臀部抬离座位

左右足底完全接触地面

膝关节略微前移，踝关节背屈

小腿以起立的最佳前倾角度站立

踝关节的背屈角度最大

**图8 起立动作的顺序（第3阶段 重心上移期）**

髋关节、膝关节伸展

头部和臀部同时向靠近重力线的方向移动，身体重心上移

踝关节从背屈位开始慢慢地跖屈的同时进行调整，以使身体重心不偏离支撑基底面

## ▌坐下动作的顺序

### ❖第1阶段　重心前移期（图9）

坐下动作的第1阶段是指从站立位到髋关节开始屈曲的阶段。从站立位开始，踝关节略微背屈，与此同时骨盆也略微后倾。踝关节和骨盆的轻微运动导致小腿在保持大腿竖直的情况下前倾，进而使膝关节前移。通过该运动，在动作开始后的短时间内，可以在身体重心前移的同时使膝关节屈曲。骨盆的后倾仅在极短的时间内发生，当膝关节开始屈曲时，骨盆前倾，髋关节开始屈曲。

### ❖第2阶段　身体重心下降期（图10）

坐下动作的第2阶段是指髋关节开始屈曲到实现坐立的阶段。骨盆前倾，躯干前倾角度增大；此时，躯干的前倾由骨盆倾斜产生，躯干其他部位几乎不发生屈曲和伸展。在躯干前倾的同时，髋关节和膝关节屈曲，身体重心下降。踝关节在身体重心下降期的前半段时间内背屈，中途逐渐停止，小腿的倾斜角度固定。从小腿的倾斜角度保持一定的时候开始，身体重心开始后移。臀部接触座位面时，髋关节的屈曲角度和躯干的前倾角度最大。

### ❖第3阶段　坐立完成期（图11）

坐下动作的第3阶段是指从臀部接触座位面到躯干恢复竖直，完成坐立的阶段。从坐骨结节开始与座位面接触，坐下后体重立即分布到足部的支撑面和臀部的支撑面。坐立完成后骨盆后倾，躯干由前倾恢复至竖直。

躯干恢复至竖直的同时，支撑体重的部位从足部移至臀部，足部不再承重。

图9　坐下动作的顺序（第1阶段　重心前移期）

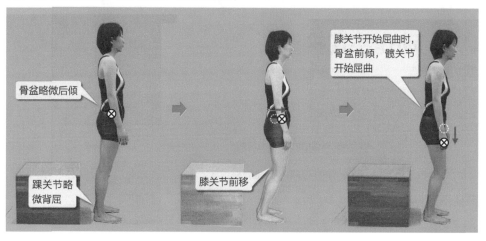

图10　坐下动作的顺序（第2阶段　身体重心下降期）

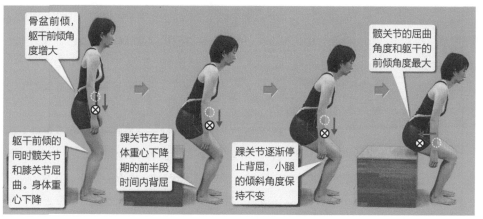

图11　坐下动作的顺序（第3阶段　坐立完成期）

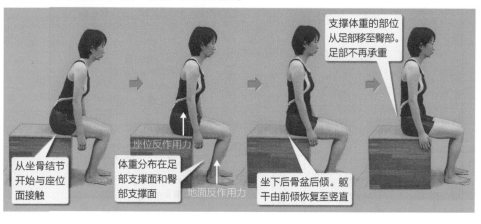

# 2 动作实现机理

## 起立动作

### 身体重心向前加速的机理

在身体重心向前加速的机理中，髋关节的屈曲运动和骨盆的前倾运动起着重要的作用。

在静止坐立时骨盆后倾；但在起立动作就要开始前，骨盆略微前倾，坐骨结节支撑体重。起立动作开始后，骨盆在髋关节上大幅度前倾。由于骨盆的前倾，坐骨结节在座位上后移（图12）。与此同时，座位面反作用力的作用点后移，形成从骨盆以上的体节向前旋转的动量。由此，在起立动作第1阶段中，身体重心向前的加速度由骨盆旋转力产生。骨盆的前旋产生坐骨向后推压座位的力，使身体重心向前加速。即当骨盆这一"轮胎"围绕髋关节这一"车轴"向前旋转时，座位面被向后推，其反作用力使身体重心向前加速。

在起立动作的第1阶段中，腰椎—骨盆—髋关节的运动很大程度上取决于躯干的动态稳定性。从坐位开始的起立动作开始之前，骨盆前倾。同时，腰部多裂肌的运动增加，在脊柱固定在中立位的状态下，骨盆和躯干前倾。在整个站立运动中，脊柱保持在中立位置，不会大幅度屈曲或伸展。躯干的前倾始终只由髋关节的屈曲和骨盆的前倾而产生。如果躯干的前倾由脊柱的屈曲导致，那么随着脊柱的屈曲，骨盆会后倾，从而导致身体重心无法前移（图13）。

图12 **骨盆前倾和坐骨结节后移**

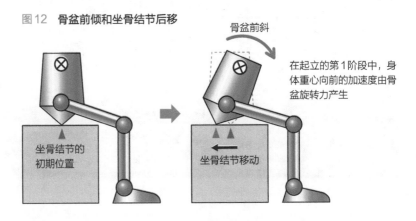

骨盆前斜

在起立的第1阶段中，身体重心向前的加速度由骨盆旋转力产生

坐骨结节的初期位置

坐骨结节移动

图13 脊柱对线和骨盆倾斜

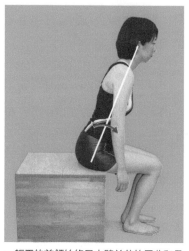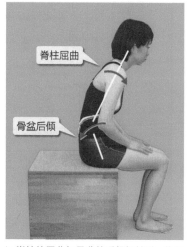

脊柱屈曲

骨盆后倾

a 躯干的前倾始终只由髋关节的屈曲和骨盆的前倾而产生

b 脊柱的屈曲与骨盆的后倾相关联，使身体重心无法前移

　　在猛地站起来时，有时骨盆会从支撑坐骨的座位略微向后倾，然后像有反作用力一样向前倾。此时，骨盆的后倾是在多裂肌和髂腰肌（腰大肌和髂肌）的控制下进行的运动，而不是骨盆向后方塌陷导致的后倾。

## 解剖检查！ 腰大肌的作用

　　使骨盆向前方旋转的旋转力主要由髋关节的屈肌产生。腰大肌是使骨盆在髋关节上向前旋转的主要肌肉。此外，腰大肌与腰椎的多裂肌协调对抗躯干前倾时产生的腰椎屈曲作用，使脊柱在骨盆上固定（图14）。

图14 腰大肌和多裂肌

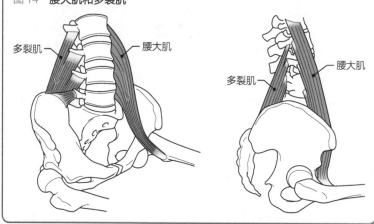

多裂肌　　　　腰大肌

腰大肌

多裂肌

第5章 起立及坐下动作的分析

## ❖ 臀部抬离座位的机理

在起立动作中，在臀部抬离座位的瞬间，支撑基底面的位置前移，面积变小。因此，必须在身体重心向前移动的同时从座位上抬起臀部。如果身体重心从座位直接上抬，臀部抬离座位的瞬间人就会向后方跌倒。如果不能使身体重心向前移动的同时向上移动，就无法起立。

身体重心的上升由膝关节伸展引起。但是，为了在身体重心向前方移动的同时伸展膝关节，需要使小腿固定在向前方倾斜的位置，控制运动使大腿向前方旋转（图15a）。如果大腿和小腿同时旋转且膝关节伸展，则身体重心会向后移动，导致无法起立（图15b）。因此使臀部得以离开座位的机理是固定小腿并仅使大腿旋转。膝关节的这种运动不能仅通过膝关节的伸肌——股四头肌的作用来完成。这是因为肌肉同时在体节的起止点上施加旋转力，当膝关节的伸肌——股四头肌收缩时，大腿和小腿就会同时旋转。固定小腿仅旋转大腿的机理有两个。

图15　**臀部抬离座位的机理**

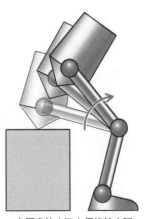 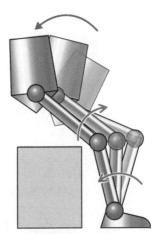

a 在固定的小腿上仅旋转大腿　　　　　　b 大腿和小腿同时旋转

### ■ 固定小腿

固定小腿仅旋转大腿的第1个机理是通过胫骨前肌固定小腿。在起立动作的第1阶段，在骨盆前倾运动开始的同时，胫骨前肌也开始运动。胫骨前肌的作用是在膝关节伸展时与小腿向后旋转相抗衡以保持小腿前倾。通过该作用，即使股四头肌收缩，也可以固定小腿，仅旋转大腿（图16）。

除此之外，胫骨前肌具有在臀部抬离座位时使身体重心前移的作用。臀部将要离开座位时，胫骨前肌收缩使足跟按压地面，地面反作用力的作用点移至足跟后方。当臀部抬离座位时，身体重心处于足部形成的新支撑

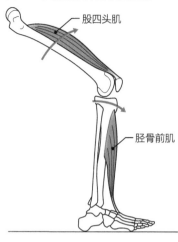

图16　胫骨前肌保持小腿前倾

股四头肌

胫骨前肌

基底面的后方。因此，从臀部抬离座位的瞬间开始，向后旋转的力就会作用在身体上。作用于身体的向后旋转力的大小，取决于身体重心与地面反作用力的作用点的距离（图17a）。因此，如果地面反作用力的作用点在足部的前方，则与身体重心的距离变远，身体会受到较大的向后旋转力，在臀部抬离座位的同时人会向后方跌倒（图17b）。反之，如果地面反作用力的作用点在足部的后方，则与身体重心的距离变近，身体会受到较小的向后旋转力（图17c），使胫骨前肌运动以将足跟压在地面上，并使地面反作用力的作用点向足跟的后方移动；这对身体向前旋转来说很重要。

另外，胫骨前肌在臀部抬离座位时，还具有向前牵引小腿和将膝关节向前拉的作用。通过该作用，可以把身体重心移至足部形成的支撑基底面内。

图17　身体重心与地面反作用力的作用点

胫骨前肌

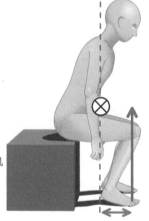

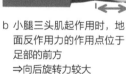

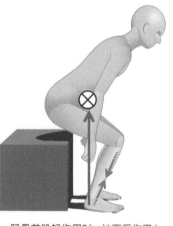

a　身体重心与地面反作用力的作用点的距离决定旋转力的大小

b　小腿三头肌起作用时，地面反作用力的作用点位于足部的前方　⇒向后旋转力较大

c　胫骨前肌起作用时，地面反作用力的作用点位于足部的后方　⇒向后旋转力较小

■ 大腿旋转

固定胫骨，仅旋转大腿的第2个机理是，通过臀大肌的收缩对骨盆前倾运动进行紧急制动。

在臀部将要离开座位之前，臀大肌运动使髋关节的屈曲（等于骨盆的前倾运动）受到紧急制动。此时，由于身体重心有向前加速的动量，因此，即使臀大肌对髋关节的屈曲施加制动，向前旋转的惯性所产生的力仍会持续作用于躯干。使躯干持续向前旋转的力，通过臀大肌越过屈曲运动被制动的髋关节传至膝关节。结果，膝关节以上的体节形成一个整体在小腿上向前旋转，使膝关节伸展（图18）。此时，小腿由胫骨前肌和比目鱼肌固定，因此仅大腿向前旋转，并且在使身体重心前移的同时伸展膝关节。

在健康成年人的起立动作中，膝关节伸展的时间和髋关节停止屈曲的时间重合。

图18　**臀部抬离座位的机理**

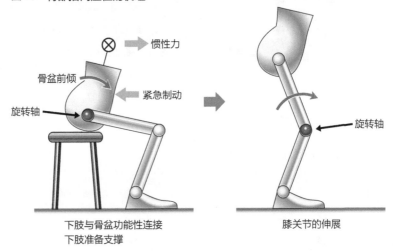

下肢与骨盆功能性连接
下肢准备支撑

膝关节的伸展

### ❖身体重心上升的机理

臀部抬离座位后，重力线从两足之间的狭窄的支撑面内通过，当下肢推压地面时，其反作用力使身体重心上移。此时，身体重心的上移轨迹必须在垂直方向上，以避免偏离足部形成的狭窄支撑基底面（图19）。为了使身体重心垂直上移，下肢必须垂直推压地面。下肢推压地面的力的方向控制取决于髋关节和膝关节的单关节肌和双关节肌的输出组合[2]（图20）。上肢和下肢的肌肉排列的基本原则是：单关节肌和双关节肌作为拮抗肌对，分别对各关节起作用，并具有图中所示的3对6块肌肉构成的基本构造。这3对6块肌肉在分别发挥最大输出功率时的输出分布图为六边形，如图20[3]所示，它们的输出水平调节取决于下肢末端输出的力的方向。

髋关节的伸展单关节肌——臀大肌和膝关节的伸展单关节肌——腘绳肌运动时，下肢按压地面的力向连接髋关节和踝关节的直线方向输出。股直肌运动时，按压地面的力会向与大腿平行的方向输出，因此身体重心会向后上移。为了使身体重心直线上移，需要臀大肌和腘绳肌的协调作用。

另外，踝关节跖屈肌为了使身体重心在支撑基底面内上移，需要在小心控制肌肉输出水平升降的同时进行前后方向的微调整。

图19　**支撑基底面**

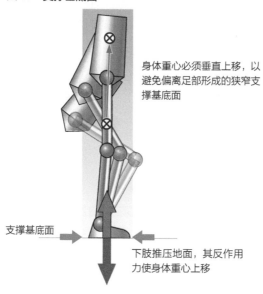

身体重心必须垂直上移，以避免偏离足部形成的狭窄支撑基底面

支撑基底面

下肢推压地面，其反作用力使身体重心上移

图20　**系统前端的输出方向和主动肌的关系**

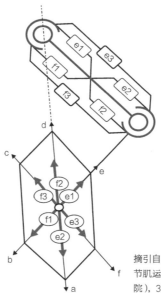

线段a-d表示连接髋关节和踝关节的方向，线段b-e表示小腿长轴方向，线段c-f表示与大腿平行的方向。六边形中心的○表示踝关节的位置，从○延伸的箭头表示主动肌的矢量。

下肢向边a-b区域输出时，f1和e2的输出之和是主动肌的输出。

同样，下肢向边a-f区域输出时，e2和e3的输出之和是主动肌的输出。

○和六边形的各边之间的距离表示下肢能够输出的力的大小。

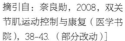

[摘引自：奈良勋，2008，双关节肌运动控制与康复（医学书院），38-43．（部分改动）]

### ❖ 身体重心控制的机理

坐下动作是在降低身体重心的同时，从足部形成的前方支撑基底面平稳地移至臀部形成的后方支撑基底面的动作。因此，为了能够稳定地坐下，必须控制伴随身体重心下降的前后移位。如在下蹲动作中那样，在身体重心直线下降时无法坐在后方座位上。另外，如果身体重心向后移动过早，人就会向后跌坐在座位上，即"扑通坐下"。

坐下动作中的身体重心控制使用稳定策略（图4a），不能像起立动作那样使用动量策略（图4b）。在坐下之前，必须将身体重心持续保持在足部形成的前方支撑基底面内，同时向后突出臀部，并使身体重心下降以能够坐于后方的座位上。为此，必须保持身体重心在支撑基底面后方边缘的同时前倾躯干，在保持前后平衡的同时屈曲膝关节。躯干保持垂直就无法坐于后方的座位上。

稳定的坐下动作需要在控制身体重心前后移动的同时屈曲膝关节（图21）。因此，在坐下动作将要开始前的极短时间内，必须放松踝关节跖屈肌，使小腿略微前倾。与此同时，略微后倾骨盆（图22）。由于该运动在极短时间内发生且运动的幅度极小，因此很难目测。但是，通过轻微的小腿前倾和骨盆后倾，可以在保持位于足部支撑基底面后方的身体重心位置的同时，引导膝关节屈曲。

图21　稳定的坐下动作

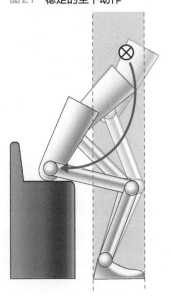

膝关节屈曲的同时，骨盆前倾，躯干开始向前方倾斜。此时，脊椎保持中立位或继续保持略微伸展对线。坐位动作是伸展肌群离心性地控制屈曲运动的动作。动作中的关节运动虽然是屈曲运动，但是是由伸展肌群控制的。

图22　坐下动作开始时的轻微动作

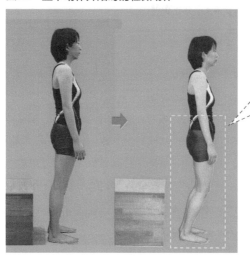
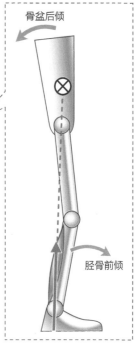

骨盆后倾

胫骨前倾

# 3 通过目测进行的动作分析

## ❘ 动作整体特征的观察

### ❖ 动作整体观察

让患者自己从坐立位站起来，再坐下。观察其在不使用上肢拉扶手等的情况下是否可以起立及坐下。当患者在起立动作中所使用的身体重心控制策略为稳定策略时，需要分析使用动量策略的起立动作。这是因为，使用动量策略的起立动作机理与步行站立初期的机理有很多共通之处。因此，使用动量策略的起立动作障碍多与步行站立初期的障碍有关。在起立动作的分析中，最好以使用动量策略的起立动作作为分析对象。

另外，与其他基本动作不同，起立及坐下动作是左右体节对称地向同一方向移动的动作。身体重心不会向侧方移位，身体各部位的对线也不会变得不对称。身体重心在身体的中线上，根据支撑基底面的前后移动而前后、上下移动。观察患者在左右下肢均匀承重时能否对称地起立及坐下。

在起立动作中，许多患者难以顺利地使臀部抬离座位。另外，在坐下动作中，有许多患者像往后跌倒一样"扑通"地跌坐下。这些都是由于支撑基底面变化时身体重心控制存在障碍。因此需要观察使用动量策略的臀部抬离座位动作及使用稳定策略的坐下动作是否可以实现。

如果座位的高度降低，则起立、坐下动作得以实现的机理所需的承重增大。慢慢降低座位的高度，明确座位在多高时动作会产生问题；这有助于明确完成日常动作的能力。随着座位高度的降低，躯干更容易屈曲，骨盆更容易后倾，身体重心更容易后移。因此，臀部抬离座位和坐下时的重心控制变得更加困难。在正常起立、坐下动作中，即使骨盆在动作将要开始之前后倾，在动作过程中也不会出现躯干屈曲、骨盆后倾的情况。因此，观察骨盆和躯干是否持续保持抗重力伸展运动也很重要。根据观察到的结果，明确表1所示的项目。这些信息对于把握患者起立、坐下动作的特征很重要。

表1 通过观察动作应明确的项目

- 是否使用应用动量策略的起立动作？
- 是否使用应用稳定策略的坐下动作？
- 为了臀部抬离座位（上抬重心）而做了什么？
- 在不屈曲脊柱，也不伸展脊柱时，躯干能前倾吗？
- 能否左右对称地使用体节？
- 左右下肢能否均匀地支撑体重？
- 重心是否随支撑基底面的变化而移动？支撑基底面是否可以支撑重心？

　　仔细观察动作全过程，指导患者通过自身力量起立并坐下，观察其头部、上肢、肩胛带、躯干上部、躯干下部、下肢的运动。需观察的项目如下所示。

■ 观察动作全过程

- 依靠自身力量是否可以起立、坐下？
- 如果可以，那么在调整座位至不同高度的情况下，是否也可以完成此动作？速度是否合适？用力程度是否合适？
- 如果不可以完成动作，是从哪里开始停止了运动？
- 对哪个部位施以何种辅助才能完成动作？
- 为了完成动作，患者做了哪些代偿运动？

■ 起立的第1阶段的观察项目（从坐立位到臀部抬离座位）

- 在静止坐立时前倾骨盆后，躯干是否由坐骨垂直支撑？
- 足部向前迈步至从冠状面往下看时小腿和地面垂直，此时下肢是否移位？
- 屈曲髋关节导致的骨盆前倾是否会导致身体重心向前加速？
- 体重是否均匀地分布于左右下肢？身体重心是否向前直线移动？
- 躯干是否保持在中立位？
- 左右下肢是否对称？
- 上肢姿势是否自然？是否抓着某物或过度运动？

■ 起立的第2阶段的观察项目（从臀部抬离座位到踝关节最大限度背屈）

- 小腿是否前倾，膝关节是否前移？
- 身体重心前移的同时，是否可以不依靠上肢拉扶手而实现臀部抬离座位？
- 骨盆是否保持水平？

第5章　起立及坐下动作的分析

- 左右下肢的承重是否均匀?

- 身体重心能否竖直地、充分地前移?

- 足底是否完全接触地面? 足跟是否支撑体重?

- 上肢和下肢是否发生联合反应?

- 髋关节是否持续保持内外旋、内外展的中立位? 小腿是否在冠状面内保持垂直?

- 头部、躯干是否保持中立位?

■ 起立的第3阶段的观察项目（从踝关节最大限度背屈到髋关节伸展结束）

- 髋关节、膝关节、踝关节是否协调伸展? 是否有左右差异?

- 重心的上移是否稳定?

- 左右承重是否有差别?

- 上肢、下肢是否发生联合反应?

- 骨盆是否向正前方移动?

- 髋关节是否持续保持内外旋、内外展的中立位?

■ 坐下的第1阶段的观察项目（从站立位到髋关节开始屈曲）

- 从站立位开始，踝关节略微背屈的同时骨盆是否略微后倾?

- 小腿的前倾是否适度? 膝关节是否前移?

- 膝关节开始屈曲时，骨盆是否前倾? 髋关节是否开始屈曲?

- 左右承重是否均匀?

- 脊柱是否没有屈曲或过度伸展?

■ 坐下的第2阶段的观察项目（从髋关节开始屈曲到臀部接触座位）

- 骨盆前倾后，躯干是否充分前倾?

- 脊柱是否屈曲或过度伸展?

- 髋关节和膝关节屈曲后，身体重心能否慢慢下降?

- 在身体重心下降阶段的前半段内，背屈踝关节是否固定? 小腿的倾斜角度是否保持一定?

- 体重是否均匀地分布于左右下肢?

- 从冠状面往下看，小腿是否保持竖直?

- 能否慢慢地坐下去?

- 上肢姿势是否自然? 是否抓、拉、推着某物?

■ 坐下的第3阶段的观察项目（从臀部接触座位到躯干恢复竖直的坐位）

- 是否从坐骨结节开始接触座位?

- 刚坐下时，体重是否分布在足部的支撑面和臀部的支撑面内?

- 坐下并后倾骨盆后，前倾的躯干是否恢复竖直?

## 偏离正常动作模式的解释和推论

### ❖ 起立动作

#### ▪ 身体重心向前加速不足时

很多存在起立动作困难的患者，是因为身体重心不能向前加速，导致臀部抬离座位的瞬间身体向后旋转。

通常认为，身体重心不能向前加速的原因是骨盆不能围绕髋关节轴旋转并前倾。但是，其原因涉及很多方面，必须考虑各种可能性。

**①使骨盆前倾的肌肉存在功能障碍**

使骨盆在髋关节上前倾的主动肌是髂腰肌。髂腰肌存在功能障碍的患者只能屈曲躯干以使身体重心前移。从躯干上部延续的屈曲运动通过运动链使骨盆后倾，导致身体重心的前移变得更加困难，从而诱发用手拉扶手的起立动作（图23）。

图23　髂腰肌存在功能障碍

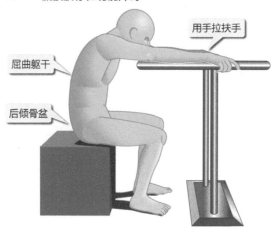

**②髋关节屈曲运动范围受限**

如果髋关节屈曲运动范围受限，则不能在座位上使骨盆前倾。在正常的起立动作中，要求髋关节的屈曲运动范围为90°~100°。

第5章　起立及坐下动作的分析

### ③臀大肌存在功能障碍

如果无法制动向前加速的身体重心，骨盆就无法随意前倾。对向前加速的身体重心施加制动的臀大肌，必须在适当的时机施加较大的收缩力。如果臀大肌的肌力下降和反应性下降，就很难前倾骨盆（图24）。

### ④腰椎伸展运动范围受限

实现骨盆前倾，不仅需要髋关节的屈曲，还需要腰椎的伸展运动性。如果在不伸展腰椎的情况下使骨盆前倾，躯干就会屈曲，导致身体重心无法有效地向前加速。腰椎伸展受限是由于随着年龄的增长，脊柱变形和发生压迫性骨折，椎间盘内压减少，骶骨后倾（骶骨后倾使腰椎屈曲）等。

腰椎的屈曲阻碍了起立所需的躯干和下肢的抗重力伸展功能的激活，从而导致臀部难以从座位抬起。腰椎伸展受限严重的患者可通过推压座位或用手大力推膝关节起立（图25）。

图24 无法将向前加速的身体重心制动的患者采用的起立动作

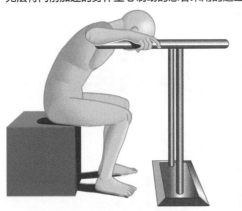

图25 腰椎伸展受限严重的患者采用的起立动作

⑤多裂肌存在功能障碍

多裂肌与髂腰肌协调控制腰椎在骨盆上的对线。静止坐立状态下骨盆后倾，腰椎处于屈曲位。为了从该姿势起立，髂腰肌在使骨盆前倾的同时还应使腰椎伸展。

---

**解剖检查！** 腰椎对线控制

腰大肌对腰椎的作用随着腰椎的对线情况而变化，如图26所示。腰椎屈曲时，如果腰大肌运动，腰椎的屈曲就会加强。因此，为了从静止坐立位起立，附着在骨盆和大腿上的髂肌最先起作用，多裂肌收缩使腰椎伸展，然后腰大肌开始收缩，使处于中立位的腰椎产生运动。如果多裂肌存在功能障碍，腰椎就不能分节地伸展，导致骨盆前倾困难。

图26 腰大肌对腰椎的作用

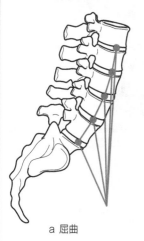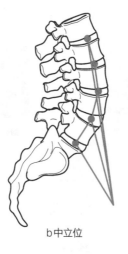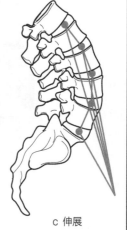

a 屈曲　　　　　　　b 中立位　　　　　　　c 伸展

——：腰大肌张力矢量作用线
● ：腰椎旋转中心轴

（摘引自：Andersson E: The role of the psoas and iliacus muscles for stability and movement of the lumber spine. pelvis and hip. Scand. J. Med. Sci. Sports. 5(1): 10-16. 1995. 部分改动）

在起立动作中，臀部抬离座位是最困难的一个步骤。患者想要站起来时，或用手撑座位，或使身体大幅度向前倾斜，或用手拉扶手，以取得平衡（图27）。

臀部抬离座位困难的原因与骨盆前倾困难的原因相同。此外，如果下肢抗重力肌群存在功能障碍导致支撑性降低，臀部也无法抬离座位。

图27　臀部难以抬离座位的患者使用的代偿动作

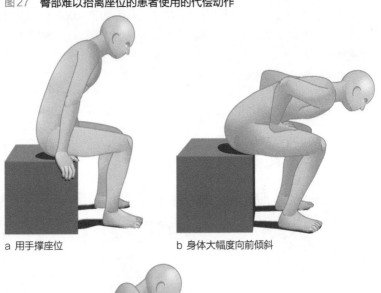

a 用手撑座位　　　　　　　　　　b 身体大幅度向前倾斜

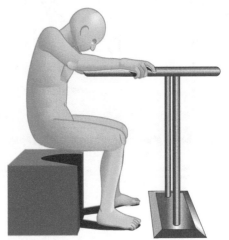

c 用手拉扶手

### ①臀大肌存在功能障碍

臀部抬离座位由臀大肌对骨盆的前倾运动紧急制动实现。如果臀大肌存在功能障碍，就不能对骨盆的前倾进行紧急制动，也不能使用动量策略站起来。臀大肌存在功能障碍而导致臀部难以抬离座位的患者会试图激活股四头肌并伸展膝关节；过度使用股四头肌使臀部抬离座位时，大腿和小腿同时旋转，因此身体重心难以前移，从而导致如果不用手拉扶手等支撑物来保持平衡就无法站起来。

②躯干前倾不充分

　　肌肉具有向起点和止点施加旋转力的特性。因此，当试图在不使躯干向前倾斜的情况下伸展髋关节时，大腿的旋转和躯干的向后旋转会同时发生，从而导致身体向后跌倒。因此，为了使臀大肌在臀部抬离座位时收缩，必须先使躯干前倾。如果髋关节屈曲受限和脊柱伸肌存在功能障碍，则很难使躯干前倾，导致臀大肌无法收缩。

③伴随脊柱屈曲的身体重心前移

　　身体重心向前加速并不是由以髋关节为轴的骨盆的前倾导致，如果试图使从躯干上部开始的脊柱屈曲并使身体重心前移，骨盆就会后倾，导致身体重心无法前移。该问题多见于试图拉着扶手以站立的患者，其可能的原因包括脊柱抗重力伸展存在功能障碍和伸展运动性受限、髋关节屈曲运动性受限，以及使骨盆前倾的肌肉存在功能障碍、髋关节伸肌存在功能障碍等。

④股四头肌存在功能障碍

　　如果股四头肌由于肌力下降和运动麻痹的影响，不能充分发挥肌力以支撑体重，则臀部抬离座位时就不能支撑体重，导致无法站立。

⑤股四头肌过度运动

　　如果股四头肌在臀部抬离座位时，为伸展膝关节而过度运动，则身体重心就会被向后推，导致臀部难以抬离座位。

⑥踝关节背屈受限

　　如果踝关节的背屈受限，则臀部抬离座位时不能使小腿前倾和膝关节前移，导致身体重心被向后推。在脑卒中偏瘫患者中，由于承重，有时会出现踝关节跖屈肌过度紧张，从而阻碍小腿前倾。

⑦踝关节周围肌肉存在功能障碍

　　当小腿由于踝关节背屈肌存在功能障碍而不能在前方倾斜位上固定时，在伸展膝关节时小腿会后倾，进而导致臀部难以抬离座位。

■ 臀部抬离座位时，胫骨不能相对于地面竖直排列

　　臀部抬离座位时，如果胫骨不能相对于地面竖直排列，则难以用下肢支撑体重。如果髋关节的运动范围受限和以臀大肌为主的髋关节周围肌肉存在功能障碍，则臀部抬离座位时髋关节会内收、内旋或外展、外旋，导致胫骨侧倾（图28）。

图28 胫骨不能相对于地面竖直排列

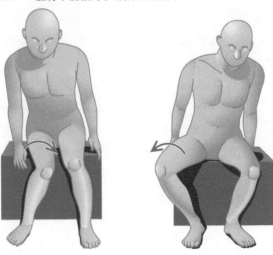

另外，腓骨肌和胫骨后肌等踝关节周围肌肉过度紧张也会导致胫骨无法垂直于地面（图29）。

图29 踝关节周围肌肉过度紧张

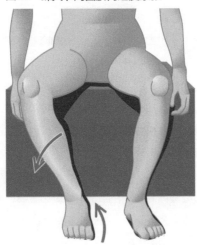

■ 过度前倾躯干以起立

股四头肌肌力下降的患者，会过度前倾躯干以使臀部抬离座位。由于躯干的前倾角度越大，身体重心离膝关节越近，从而使在臀部抬离座位时膝关节伸肌的肌力减小。此时，患者会采用利用踝关节跖屈肌使小腿后倾，躯干大幅度前倾（图30），用上肢按压座位，在膝关节过度伸展的同时使臀部抬离座位等代偿动作。

图30　躯干过度前倾

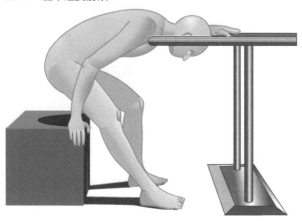

■ **臀部抬离座位时身体重心前倾**

　　如果一侧下肢的肌力和运动性下降，则臀部抬离座位时两侧下肢无法对称，身体重心偏向健康侧的下肢，使用该侧下肢的肌力和上肢的代偿使臀部抬离座位（图31）。重量偏向一侧下肢会导致身体整体的非对称性。不承重侧的上下肢的肌肉紧张导致屈曲。此外，骨盆向后旋转至不承重侧，并产生旋转力，从而使整个身体向后倒。该旋转力将提高臀部抬离座位时对上肢的依赖性，进一步增强非对称性。

图31　臀部抬离座位时身体侧倾

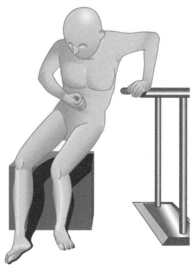

## ❖ 坐下动作

### ■ 像向后跌倒一样"扑通"坐下

像向后跌倒一样"扑通"坐下的主要原因是在坐下动作结束之前，身体重心不能保持在足部形成的支撑基底面内。如果踝关节的背屈、髋关节的屈曲受限，则身体重心无法保持在足部形成的支撑基底面内。另外，为了保持小腿的倾斜角度，胫骨前肌和比目鱼肌必须在微调的同时控制小腿的倾斜角度。因此，胫骨前肌和比目鱼肌肌力的下降也会导致难以在前后方向控制身体重心。

股四头肌的肌力下降会导致与下肢支撑性相关的严重问题，是在坐下时发生"膝关节塌陷"的原因。此外，臀大肌的肌力下降会使骨盆难以前倾，从而导致身体重心后移。

在坐下动作中，必须使躯干大幅度地前倾。躯干的前倾是由于以髋关节为轴的骨盆的倾斜，而不是脊柱屈曲。臀大肌的肌力下降会阻碍骨盆前倾，使躯干难以前倾。另外，如果支撑躯干的多裂肌和胸椎伸肌的肌力下降，则无法保持骨盆前倾时的脊柱对线，导致无法使骨盆以上体节前倾。

# 4 动作机理分析

如果通过动作观察整体把握了动作障碍，那么接下来就分析动作机理的动作状况。明确"使用动量策略的站立动作和使用稳定策略的坐下动作无法完成是由于哪个机理的缺失"。为此，必须明确该机理的动作状况。

检查人员分别引导患者的骨盆、上肢、躯干、下肢，使患者使用动量策略通过自身力量起立。在分析能够正常完成动作的程度的同时变换引导部位，检查需要引导哪个部位才能使身体重心向前加速，才能使臀部抬离座位。

另外，在引导动作时需要确认辅助量。引导时，通过对检查人员观察到的患者的反应进行第1章的表1（第3页）所示的分类，可以在一定程度上预测动作机理的阻碍因素。

---

**补充** 用动量策略分析起立动作的意义

起立及坐下动作是在用下肢支撑体重的同时，随着支撑基底面的位置和面积的变化将身体重心移至新形成的支撑基底面内的动作。这与步行的动作相同。因此，分析起立及坐下动作能够稳定进行到何种程度，也与分析步行动作所必需的重心控制能力有关。

起立动作是使身体重心移至向前变窄的支撑基底面内的同时使之上升，是反映步行的站立承重期到站立中期的功能的动作。在起立和步行动作中，健康成年人使用动量策略控制重心，使身体重心向前加速移至新形成的支撑基底面内。此时，身体重心可以暂时处于支撑基底面之外。在起立和步行动作中，即使身体重心不处于支撑基底面内，也能够顺利完成动作的原因是使用动量策略控制重心。在起立动作中不使用动量策略控制重心，而使用稳定策略完成动作的患者，在步行中也使用稳定策略来完成动作。在分析起立动作时，分析是否可以通过动量策略完成动作是推断步行中重心控制程度的重要信息。

---

## 身体重心向前加速和臀部抬离座位机理的分析

通过从上肢或肩部开始引导动作，使运动延续到躯干上部、躯干下部、骨盆、下肢，确认运动的延续受到何种程度的阻碍。

❖ **从上肢开始引导**（图32）

①略微背屈腕关节的同时屈曲肘关节，使手指与前臂的长轴重合（图32a）。

②引导前臂略微旋后并上抬，同时屈曲、外旋肩关节，慢慢伸展肘关节至手与肩部同高（图32b）。此时，向前引导上肢使骨盆前倾，并使上半身重心位于坐骨结节的正上方（图32c）。另外，微调上肢的上抬和前臂的旋后以引导伸展从躯干下部延续到躯干上部。

③在略微旋后前臂的同时，沿长轴方向引导上肢，以促进躯干前倾（图32d）。此时，应注意骨盆的前倾不要引起躯干前倾或脊柱屈曲。

④骨盆前倾、身体重心向前加速后，迅速旋后前臂，制动躯干的前倾（图32e）。通过该动作制动髋关节的屈曲，以使膝关节伸展，臀部抬离座位。

⑤臀部抬离座位后，略微向前上抬手臂，以使髋关节和膝关节同时伸展，完成起立姿势（图32f）。

图32　从上肢开始引导

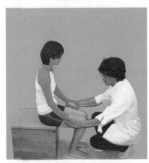
a 腕关节略微背屈+肘关节屈曲

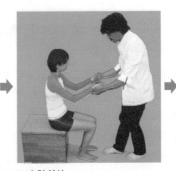
b 上肢前抬

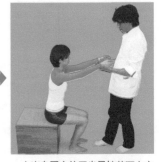
c 上半身重心位于坐骨结节正上方

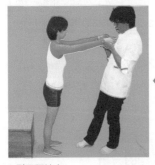
f 引导至站立

e 制动躯干前倾

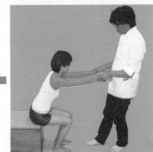
d 促进躯干前倾

❖ **从肩部和上臂开始引导**（图33）

①抓住患者三角肌的止点处，并在旋转上臂的同时向上引导，以促进骨盆前倾并使上半身重心位于坐骨结节的正上方（图33a-b）。

②略微内旋上臂的同时促进躯干前倾（图33c）。此时，通过骨盆的前倾引起躯干的前倾。另外，应注意不要使脊柱屈曲。

③当骨盆前倾，身体重心向前加速后，迅速外旋上臂并制动躯干前倾（图33d）。通过该动作，制动髋关节的屈曲，以使膝关节伸展，臀部抬离开座位。

④臀部抬离座位后，略微外旋上臂的同时上抬上臂，以使髋关节和膝关节同时伸展，完成起立姿势（图33e）。

图33 **从肩部和上臂开始引导**

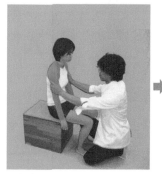

a 外旋上臂

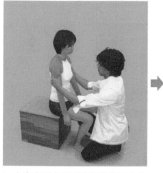

b 上半身重心位于坐骨结节正上方

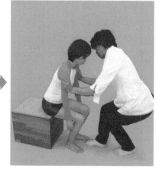

c 促进躯干前倾

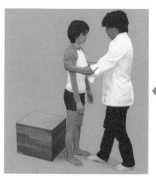

e 引导至站立

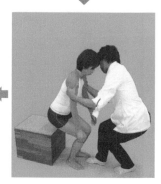

d 制动躯干前倾

第5章 起立及坐下动作的分析

## ❖ 从骨盆开始引导（图34）

通过引导骨盆，可以确认使身体重心向前加速，使臀部抬离座位的机理的动作状况。

①在患者静止坐立时使其骨盆略微前倾，使上半身重心位于坐骨结节的正上方，进而使坐骨结节支撑体重（图34a）。

②使骨盆略微后倾后略微用力使其前倾，以使坐骨结节在座位上后移（图34b-c）。

③前倾至头部比足趾稍靠前时制动骨盆的前倾（图34d），并改为向上引导，以使膝关节伸展，完成起立姿势（图34e）。

图34　从骨盆开始引导

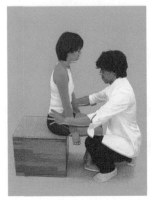

a 上半身重心位于坐骨结节的正上方

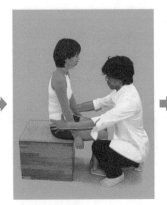

b 骨盆略微后倾

c 使坐骨结节在座位上后移

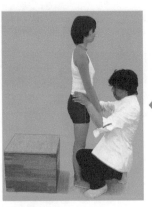

e 引导至站立

d 制动骨盆前倾

### ❖ 从胸廓开始引导（图35）

通过引导胸廓，可以检查躯干抗重力伸展功能的动作状况。

①沿第9肋骨固定胸廓（图35a）。

②在水平向前引导第9肋骨的同时，促使骨盆前倾（图35b）。

③骨盆开始前倾时，向上引导第9肋骨至检查人员支撑患者躯干上部
的重量，以使上半身重心位于坐骨结节的正上方（图35b）。

④头部与足趾对线时，引导方向略微上移，促使臀部抬离座位（图35c），
完成起立姿势（图35d）。

图35　从胸廓开始引导

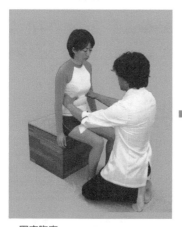

a 固定胸廓

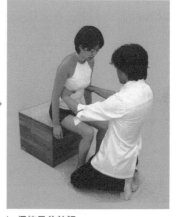

b 促使骨盆前倾

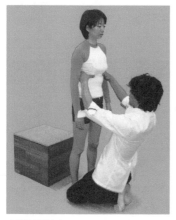

d 引导至站立

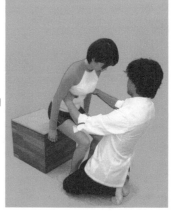

c 头部与足趾对线时，引导方向略微
上移，促使臀部抬离座位

第5章　起立及坐下动作的分析

## ❖ 从大腿开始引导（图36）

引导大腿以检查下肢的支撑性。

①单手握住患者股骨内上髁和外上髁，另一只手从下方握住股骨大转子（图36a）。

②指导患者站起来，配合躯干的前倾，略微前拉膝关节（图36b）。

③在患者臀部抬离座位时，往足跟方向推股骨内上髁和外上髁以使其固定。但是，此时注意不要妨碍膝关节的伸展运动（图36c）。

④进行步骤③的同时，用握住股骨大转子的手伸展患者髋关节，并朝外旋方向引导大腿。此时，操作股骨大转子，用股骨头将骨盆向上前方推出（图36d）。

⑤身体重心移至支撑基底面后，向后推患者股骨内上髁和外上髁，以将膝关节引导至髋关节正下方（图36e），完成起立姿势（图36f）。

图36 从大腿开始引导

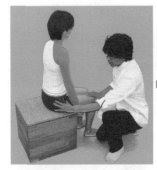

a 握住股骨内上髁、外上髁和股骨大转子

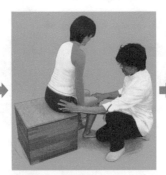

b 略微前拉膝关节

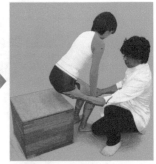

c 往足跟方向推股骨内上髁和外上髁

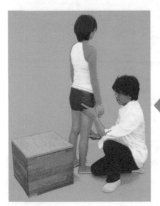

f 引导至站立

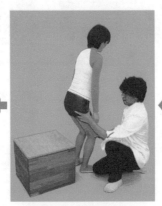

e 向后推股骨内上髁和外上髁

d 伸展髋关节，向外旋方向引导大腿

156

## 解剖检查！ 臀部抬离座位时股骨外旋、骨盆上抬

　　股骨颈与股骨体之间的颈干角为125°至135°，与冠状面之间的前倾角约为15°。股骨颈的颈干角和前倾角在起立动作中，对于使骨盆从座位面抬起具有重要的作用。

　　在坐立时，具有颈干角和前倾角的股骨从下方支撑骨盆，如图37所示。在臀部将要抬离座位时臀大肌收缩，使髋关节向外展并外旋。当髋关节外旋时，股骨颈在颈干角和前倾角的影响下回旋，从而上抬骨盆。因此，股骨沿外旋方向旋转，且骨盆上抬。臀部抬离座位时骨盆首先上升，很大程度上就是因为此作用。

图37　坐立时的股骨与骨盆

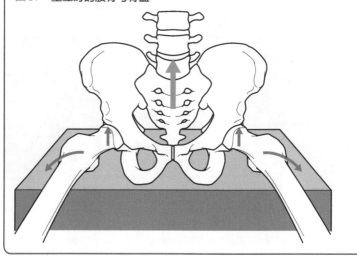

第5章　起立及坐下动作的分析

### ❖ 从小腿开始引导（图38）

引导小腿以检查下肢的支撑性。

①抓住患者胫骨的近端并前拉膝关节，使骨盆前倾。此时，向足跟推胫骨，以使足跟承重。另外，控制小腿使得从冠状面往下看，小腿垂直于地面，并且足底完全与地面接触（图38a）。

②在臀部将要离开座位之前略微前拉胫骨，使小腿向前倾斜，呈前倾角（图38b）。在身体重心移至足部形成的支撑基底面之前，保持小腿前倾，引导股骨在胫骨上回旋（图38c）。

③身体重心移至支撑基底面后，向后引导患者胫骨，使膝关节位于髋关节的正下方（图38d）。

图38　从小腿开始引导

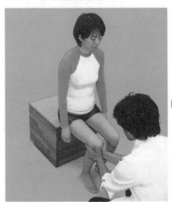

a 握住胫骨的近端并前拉膝关节

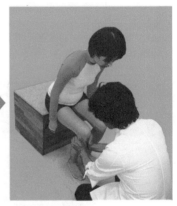

b 控制小腿前倾

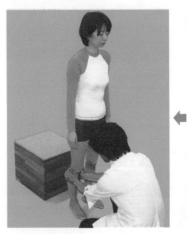

d 向后引导胫骨

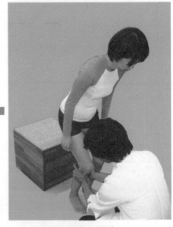

c 引导股骨在胫骨上回旋

### ❖坐下动作的引导

#### ■ 从骨盆开始引导（图39）

①静止站立（图39a）时，略微后倾骨盆以放松踝关节的足跖屈曲，前倾小腿以引起膝关节屈曲（图39b）。

②进行①后，立即前倾骨盆，同时使股骨在胫骨上向后旋转。膝关节开始屈曲后，加大骨盆的前倾幅度，使髋关节屈曲，进而使躯干继续前倾（图39c）。此时，控制小腿以保持倾斜角度不变。如果小腿前倾，坐骨结节将无法接触座位，如果小腿后倾，则会向后跌倒。

③保持骨盆前倾直至坐下，同时从坐骨结节开始进行坐下引导（图39d），完成坐下姿势（图39e）。

图39　从骨盆开始的坐下引导

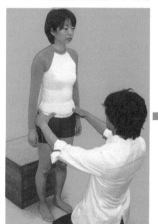

a 静止站立

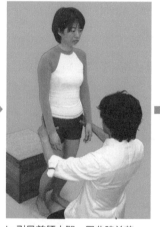

b 引导前倾小腿、屈曲膝关节

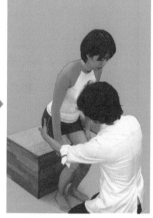

c 前倾躯干

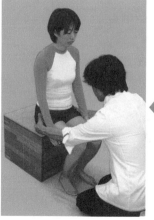

e 坐位

d 控制从坐骨结节开始接触座位

# 5 为推断阻碍动作机理原因的分析

为了明确阻碍动作的原因，必须反复进行假设和验证。物理治疗师需要观察引导动作机理时患者的反应，并对导致这种反应的原因提出假设，通过仔细观察患者的反应，可以在一定程度上预测动作机理的阻碍因素，但为了做出正确的判断，需要进行以下分析。

## ■骨盆前倾困难时

骨盆运动是站立和坐下动作的极其重要的运动要素。限制骨盆运动的因素有：①腰椎的运动性降低；②髂腰肌和多裂肌存在功能障碍；③髋关节运动性降低等。

### ❖腰椎运动性分析（图40）

患者俯卧，检查人员通过向腹侧推动腰椎的横突，对腰椎的伸展运动性进行节段分析。从下腰椎到上腰椎进行上述操作，以使腰椎前屈。检查第3腰椎是否可以对线以使脊柱前凸。

图40 腰椎运动性分析

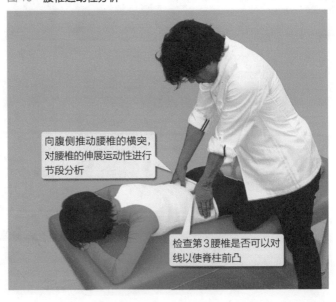

向腹侧推动腰椎的横突，对腰椎的伸展运动性进行节段分析

检查第3腰椎是否可以对线以使脊柱前凸

### ❖ 髂腰肌、多裂肌存在功能障碍的分析（图41至图43）

在不受重力的俯卧位屈曲腰椎时，意味着腰椎的伸展运动范围受限。另外，如果腰椎在俯卧位能够保持前凸，但在坐姿时屈曲，则说明支撑腰椎的多裂肌和髂腰肌存在功能障碍，或髋关节屈曲运动范围受限。

在患者坐立时，检查人员从髂后上棘稍内侧，向着第3腰椎棘突进行推压多裂肌的操作，以使骨盆前倾（图41）。如果通过检查人员的操作，能够弥补多裂肌的肌力不足，使骨盆前倾，腰椎前屈，实现坐骨支撑的坐姿，则怀疑是多裂肌存在功能障碍。如果操作髂前上棘后能使骨盆前倾，腰椎前屈，实现坐骨支撑的坐姿，则怀疑是髂腰肌存在功能障碍（图42）。

图41　多裂肌存在功能障碍的分析

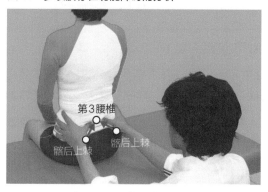

图42　髂腰肌存在功能障碍的分析

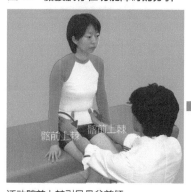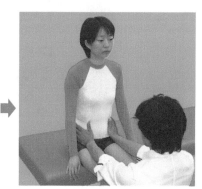

活动髂前上棘引导骨盆前倾　　　　　　腰椎前屈，坐骨支撑的坐姿

另外，在去掉支撑胸廓的躯干重量后，如果不引起骨盆前倾和腰椎前屈就不能实现坐骨支撑的坐姿，则怀疑是多裂肌和髂腰肌、腹横肌等支撑躯干的全部肌肉存在功能障碍（图43）。

图43 支撑躯干的肌肉存在功能障碍的分析

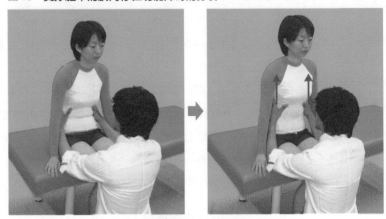

去掉支撑胸廓的躯干重量后，引导骨盆前倾和腰椎前屈

## ❖髋关节运动性分析（图44）

　　患者仰卧，在腰下放入靠垫，以使腰椎保持前屈。检查人员沿患者体轴屈曲髋关节，以防止骨盆后倾。起立、坐下动作所需的屈曲运动范围约为95°~105°。如果髋关节屈曲受限，则产生骨盆后倾的代偿运动，并阻碍起立、坐下动作。

图44 髋关节屈曲运动范围的分析

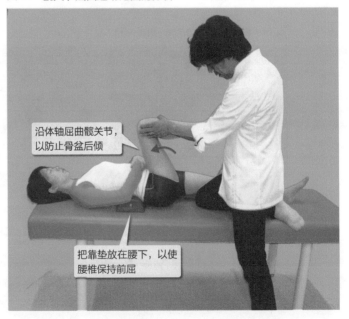

沿体轴屈曲髋关节，以防止骨盆后倾

把靠垫放在腰下，以使腰椎保持前屈

### ❖髋关节伸肌肌力分析（图45）

　　为了从座位上抬起臀部，必须使髋关节伸肌运动，对躯干的前倾进行紧急制动。臀大肌和腘绳肌的收缩力、反应性的降低是导致臀部抬离座位困难的一个因素。如果髋关节伸肌存在功能障碍，则在起立、坐下中会出现身体重心后移，以及拉扶手或支撑物的代偿动作。上肢的过度代偿不仅会增强动作的非对称性，还会阻碍躯干和下肢的抗重力伸展运动，进而导致屈曲趋势增强。

　　患者坐立，检查人员辅助患者前倾骨盆以使臀部抬离座位（图45a）。当头部前倾越过膝关节时，检查人员对患者的股骨大转子和坐骨结节进行操作，使两者靠近，以辅助髋关节的伸展（图45b-c），引导患者完成起立姿势（图45d）。

图45　髋关节伸肌肌力分析（起立时）

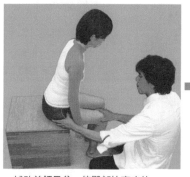

a 辅助前倾骨盆，使臀部抬离座位

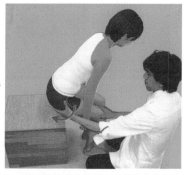

b 对患者的股骨大转子和坐骨结节进行操作，使两者靠近

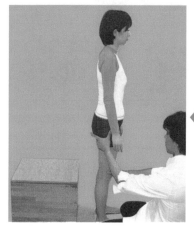

d 站立位

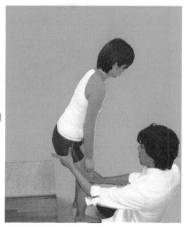

c 辅助髋关节伸展

在坐下动作中，从站立位引导骨盆轻微后倾和踝关节背屈后，立即使骨盆前倾并使下肢屈曲，以引起坐下动作（图46a-b）。检查人员握住患者的坐骨结节和股骨大转子，抑制髋关节的急剧屈曲的同时引导坐骨慢慢地回到座位上（图46c-d）。

如果通过该操作患者可以坐下，则怀疑臀大肌或腘绳肌存在功能障碍。

图46　髋关节伸肌肌力分析（坐下时）

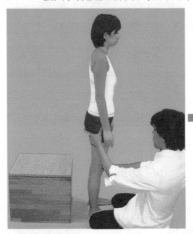

a 静止站立

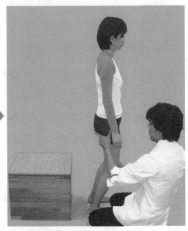

b 使骨盆略微后倾、踝关节背屈。使骨盆前倾的同时使下肢屈曲

d 坐位

c 在抑制髋关节急剧屈曲的同时，使坐骨慢慢地回到座位上

## ❖膝关节伸肌肌力分析①（图47）

股四头肌是膝关节伸肌，是保障起立、坐下动作时下肢支撑性的主动肌。在股四头肌中，除了股直肌以外的其余3块肌肉的运动在站立、坐下

**\*1 向心收缩**

这是指肌肉在收缩的同时产生张力的收缩方式。例如，从下蹲姿势站起来时，股四头肌的收缩形式就是向心收缩。向心收缩具有使体节运动加速的作用。

**\*2 离心收缩**

这是指肌肉在伸展的同时产生张力的收缩方式。例如，从下蹲姿势开始慢慢坐下时，股四头肌的收缩形式就是离心收缩。离心收缩具有制动体节运动、吸收冲击的作用。

动作中尤其重要。

检查人员单手握住患者的股骨内上髁和外上髁，另一只手支撑大腿中部靠膝关节稍近的部位（图47a）。在臀部将要抬离座位时前拉膝关节，当头部前倾至越过膝关节时，将膝关节向足跟按压。检查人员用支撑大腿的手以患者膝关节为中心使大腿向前旋转，促使臀部抬离座位（图47b）。此时，只要略微外旋大腿，就可以诱发臀大肌运动，引导患者完成起立姿势（图47c）。

通过此操作，如果臀部能抬离座位，则认为动作障碍的原因是膝关节伸肌存在功能障碍。

对坐下动作的分析也是一样，检查人员应在对大腿和膝关节进行操作的同时引导其坐下。膝关节伸肌在起立时要求向心收缩\*1，坐下时要求离心收缩\*2。即使患者能够发挥向心性肌力，其中也有不少人难以控制离心性肌力。因此，必须对起立、坐下这两个动作进行分析。

图47　膝关节伸肌肌力分析①

 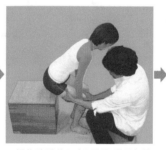 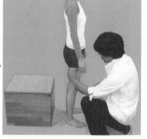 

a 单手握住患者的股骨内上髁、外上髁，另一只手支撑大腿中部靠膝关节稍近的部位

b 操作膝关节和大腿以促进臀部抬离座位

c 站立姿势

---

**补充　肌力下降会限制下肢末端施加于地面的力的方向**

四肢的关节中存在3对6块单关节肌和双关节肌的拮抗肌对，如图20（第137页）所示。这些肌群的运动组合仅取决于系统前端的输出方向，而不受关节角度的影响[2]。

当做如向前弓箭步那样足向前迈出一步并着地的动作时，股中间肌和股外侧肌等膝关节的伸展单关节肌较为不发达的患者会优先使用股直肌使膝关节伸展，因此，控制该动作以使下肢系统前端的输出方向与小腿的长轴正相交，从而完成向后仰的前弓箭步。

如果臀大肌和膝关节的伸展单关节肌群能够充分产生肌力，就可以完成将足向正下方伸展的向前弓箭步那样的动作。

由此，肌力的降低不仅会降低某关节周围的力矩，还会限制下肢末端按压地面的力的方向，从而减少动作模式的变化。

### ❖ 膝关节伸肌肌力分析②（图48）

站立和坐下时，下肢末端输出的力应在连接髋关节和踝关节的线上。如果下肢末端输出的力偏离该方向，则身体重心将无法垂直上升或下降。

为了在连接髋关节和踝关节的线上产生力，必须充分发挥促使膝关节伸展的单关节肌的输出作用。因此，在患者仰卧后，检查人员对其足底施加阻力，分析在连接髋关节和踝关节的线上是否充分产生了力。

图48　膝关节伸肌肌力分析②

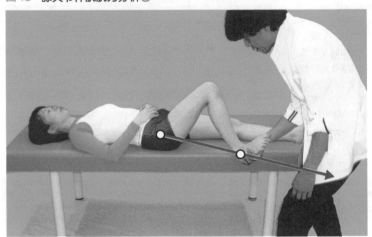

**臀部抬离座位后身体重心无法移至足部形成的支撑基底面内时**

### ❖ 下肢直立分析（图49）

臀部抬离座位时，如果小腿不能相对于地面垂直，则很难用小腿支撑体重。健康成年人在做起立动作之前，会把小腿摆放在冠状面内垂直于地面的位置，例如向外侧或内侧下垂小腿至竖直后再起立。因此，需要分析患者在将要起立时是否可以调整下肢，小腿是否在冠状面内相对于地面垂直以承重。

承重姿势是：髌骨的中点位于内踝和外踝的连接线中点的正上方，第二跖骨位于内踝和外踝的连接线中点的正前方。另外，此时足底完全着地。

如果患者下肢未在此位置，则检查人员应纠正患者下肢姿势，通过触诊判断关节运动性受限和肌紧张，以及妨碍小腿垂直的原因，其原因通常是腓骨长肌、腓骨短肌和胫骨后肌过度紧张、跗骨间关节的运动范围受限等。

图49　下肢直立分析

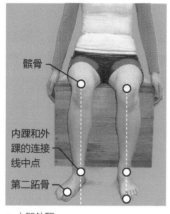
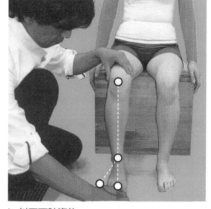

髌骨

内踝和外
踝的连接
线中点

第二跖骨

a　小腿外翻　　　　　　　　b　纠正下肢姿势

## ❖ 胫骨前肌对小腿固定作用的分析（图50）

如果在臀部抬离座位时胫骨前肌不运动，则无法在将身体重心保持在前支撑面上的同时起立。

患者在坐立的情况下，屈曲膝关节，使胫骨相对于垂直轴向前倾斜约20°，从而使足底完全接触地面。患者在保持此动作的同时，用足跟按压地面。检查人员触诊患者胫骨前肌的肌肉收缩情况，并确认患者的足趾能否从地面上略微抬起。

图50　胫骨前肌对小腿固定作用的分析

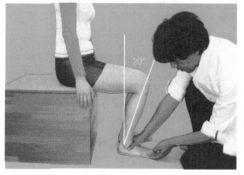
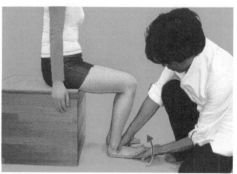

## ❖ 小腿三头肌离心收缩的分析（图51和图52）

在坐下动作初期，膝关节的屈曲由小腿三头肌放松、胫骨前倾而引起。如果不能从膝关节伸展的承重位开始放松小腿三头肌，使其进行离心性伸展，就不能稳定坐下。

患者坐立，在踝关节处于跖屈位时将前足部（跖趾关节）放在检查人员的大腿上（图51a）。检查人员在患者的膝关节处施加垂直压力，并让患者慢慢背屈踝关节（图51b），检查踝关节能否顺利背屈。如果在此过程中踝关节"咯吱咯吱"地振动或突然无力，则怀疑患者不能很好地控制小腿三头肌的离心收缩。

在膝关节处于伸展位时进行同样的检查。患者的前足部站在一块厚约5厘米的置于地面的板上，足跟抬起（图52a）。然后，患者慢慢背屈踝关节，使足跟着地（图52b）。通过膝关节伸展的承重位，可以分析腓肠肌的功能；通过坐立位，可以分析比目鱼肌的功能。

图51　小腿三头肌离心收缩的分析（坐立位）

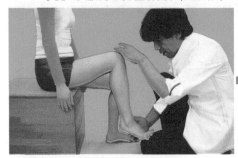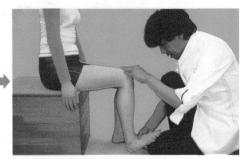

a 患者将前足部放在检查人员的大腿上　　　b 使踝关节慢慢地背屈

图52　小腿三头肌离心收缩的分析（站立位）

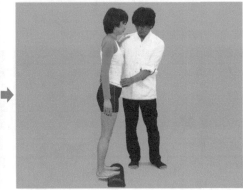

a 前足部着地，足跟抬起　　　b 使踝关节慢慢地背屈

◎参考文献

[1] Shunway-Cook A.：モーターコントロール-運動制御の理論から臨床 実践へ，第3版，医歯薬出版，p.326-329, 2009.

[2] M. Kumamoto et al: Control Properties induced by the existence of antagonistic pairs of antagonistice pairs of bi-articular muscles (Mechanical engieering modd analysi), Humman Movement Science 13i5 611-634, 1943.

[3] 奈良　勲 監：二関節筋　運動制御とリハビリテーション，p.38-43，医学書院，2008.

[4] Andersan E: The role of the psoas and iliacus muscles for stability and movement of the lumber spine, pelvis and hip. Scand. J. Med Sci Sports, 5(1): 10-16, 1995.

# 第6章 步行分析

# 1 步行概述

## 步行运动模式的普遍特征

如果想用最简单的力学模型来表示步行，图1所示的倒立振子模型最合适不过了。倒立振子是指将支点固定在地面上，杆的顶端带有重物并且重物绕支点旋转的模型。将步行模型化时的支点相当于足，杆相当于下肢，重物相当于重心。在重力环境下，通过将势能转化为动能来产生倒立振子的旋转运动。杆竖直时，重物处于最高位置，该状态下势能最大。当重物略微倾斜时，杆在重力的作用下绕支点旋转至倒下。这种推进方式与云霄飞车相同。云霄飞车利用重力势能从高处滑落，把势能转化为动能上升到高处，再次利用重力势能从高处滑落。也就是说，势能和动能相互转换以使运动持续进行。

在步行中，左右脚交替步行以反复上下移动重心，使势能和动能相互转化，实现有效的运动。步行也和云霄飞车一样，通过重力供给推动力。从矢状面观察步行中的重心位置时，重心以约2cm的振幅上下移动（图2）。足跟着地后，位于最低点的重心在站立中期被提升到最高点，被提升到最高点的重心通过身体的旋转在下降的同时前移，这是由于重力引起的力矩作用于身体，因此可以说步行的推动力由重力提供。

在步行中，健康者使用的运动模式具有高度相似性。实际上，如果您观察健康者的步行方式，会发现每个人都在以相同的方式步行。

步行的特征是左右下肢周期性地重复对称的交替运动。步行中一侧下肢的运动周期大致分为2个阶段（图3），即足着地的站立期和足不着地的摆动期。在一个步行周期中，站立期占60％，摆动期占40％。但是，在站立期的开始和结束时，每条腿着地的时间都占10％。两足着地的期间称为双足支撑期，只有一侧足着地的期间称为单足支撑期。单足支撑期与另一侧足的摆动期时长一致。

图1　倒立振子运动

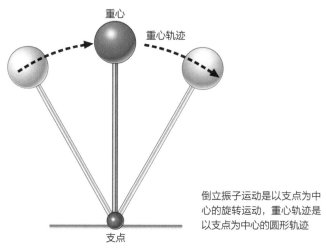

重心

重心轨迹

重心

支点

倒立振子运动是以支点为中心的旋转运动，重心轨迹是以支点为中心的圆形轨迹

图2　步行中重心位置上下移动

着地初期　站立中期　前摆动期

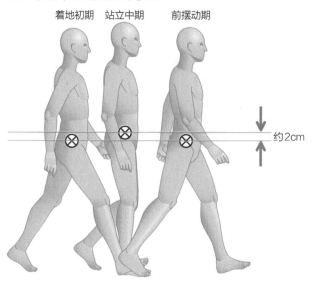

约2cm

图3　步行中一侧下肢的运动周期

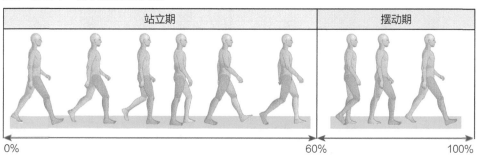

| 站立期 | 摆动期 |
| --- | --- |

0%　　　　　　　　　　　　　　　　　　　　60%　　　　　　　　　　100%

站立期必须发挥向前推动力和体重支撑力。站立期可细分为以下5个时期（图4）。

（a）着地初期。

（b）承重期。

（c）站立中期。

（d）站立后期。

（e）前摆动期。

着地初期和承重期相当于双足支撑期，占步行周期的10%。站立中期和站立后期相当于单足支撑期，占步行周期的40%，前摆动期占步行周期的10%，相当于双足支撑期。

在摆动期中需要向前摆动以防止摔倒，还需要进行足部重新摆放以承重。摆动期可细分为以下3个时期（图5）。

（f）摆动初期。

（g）摆动中期。

（h）摆动后期。

摆动期发生在对侧单足支撑期之间，占步行周期的40%。

**图4　构成站立期的5个时期**

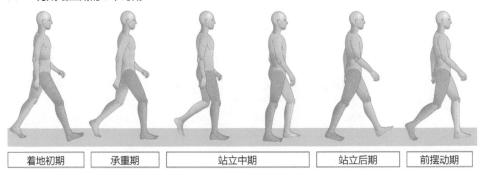

| 着地初期 | 承重期 | 站立中期 | 站立后期 | 前摆动期 |

**图5　构成摆动期的3个时期**

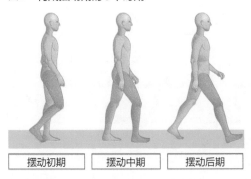

| 摆动初期 | 摆动中期 | 摆动后期 |

## 步行动作的顺序

### ❖ 站立期

#### ■ 着地初期（initial contact，图6）

步行周期的起点和止点定义为着地初期的瞬间。着地初期，踝关节背屈约0°，膝关节屈曲0°~5°，髋关节屈曲20°~30°时足跟着地。另一侧足跟离地时，处于前摆动期。前后分开的下肢几乎对称地排列在身体中线两边。骨盆略微向前旋转，前后及侧向倾斜至中立位。躯干上部向后旋转，以抵消骨盆的向前旋转，使躯干朝向前面。

着地初期特有的作用是建立对线以增加下肢的刚度，从而为着地后的冲击做准备。

图6　着地初期

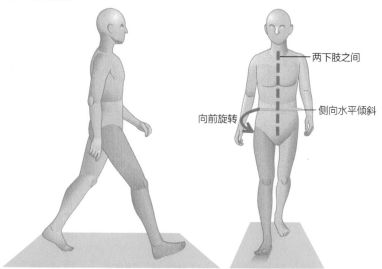

| 骨盆 | 向前旋转5°、前后倾斜至中立位、冠状面正中位 |
|---|---|
| 躯干 | 两下肢之间 |
| 髋关节 | 屈曲20°~30° |
| 膝关节 | 屈曲0°~5° |
| 踝关节 | 背屈约0° |
| 足部 | 中立位或轻度内翻 |
| 距下关节 | 中立位 |

#### ■ 承重期（loading response，图7）

承重期指的是从着地初期开始到一侧足离地的期间。承重期是第一个双足支撑期。通过以足跟为中心的旋转运动，身体重心平稳地前移。此时，踝关节背屈5°，膝关节屈曲15°~20°，并吸收承重的冲击。髋关节、骨盆、躯干保持足跟着地后的角度。

承重期特有的作用是吸收冲击，稳定承重并向前步行。

图7　承重期

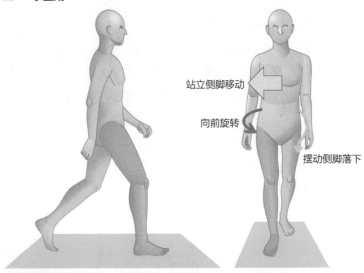

| 骨盆 | 摆动侧快速伸展5°、前倾5°、前旋5° |
| --- | --- |
| 躯干 | 站立侧脚移动 |
| 髋关节 | 屈曲20°~30° |
| 膝关节 | 屈曲15°~20° |
| 踝关节 | 背屈5°，然后保持中立位 |
| 距下关节 | 外翻约5° |
| 跖趾关节 | 约在中立位 |

### ■ 站立中期（mid stance，图8）

站立中期指从一侧足离地的瞬间开始到观察侧的足跟离地的瞬间为止的期间。在此阶段，踝关节为旋转轴，身体重心向前移动；膝关节和髋关节伸展，身体重心上升；随着身体重心的向前移动，踝关节到站立中期时背屈5°，膝关节屈曲5°；髋关节伸展0°，重心上升到最高点。足跟着地后，骨盆向后旋转5°，至站立中期时旋转0°。

此时，另一侧足处于摆动期，骨盆向摆动侧略微倾斜。

站立中期的作用是将身体重心抬高至最高点以增加势能，将身体重心移至支撑腿的前足部以实现稳定的单足支撑。

图8 站立中期

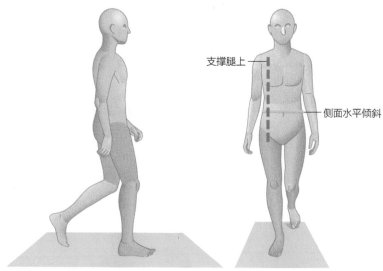

支撑腿上

侧面水平倾斜

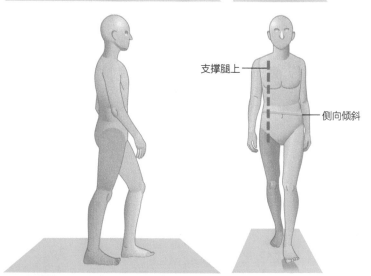

支撑腿上

侧向倾斜

| 骨盆 | 前倾10°、旋转0°、略微倾斜 |
|---|---|
| 躯干 | 支撑腿上 |
| 髋关节 | 屈伸中立位 |
| 膝关节 | 屈曲5° |
| 踝关节 | 背屈5° |
| 距下关节 | 减少外翻 |
| 跖趾关节 | 中立位 |

第 6 章　步行分析

■ 站立后期（terminal stance，图9）

　　站立后期指从观察侧的足跟离地的瞬间开始到对侧足着地初期为止的期间。在此阶段，踝关节的背屈被制动，足跟抬起，身体重心以跖趾关节为轴进行前旋，着地初期后，髋关节继续伸展，并在站立后期伸展至20°。

　　在踝关节背屈10°时，小腿三头肌制动踝关节，足跟从地面抬起；膝关节屈曲5°，跖趾关节伸展30°；骨盆后旋5°，躯干上部前倾5°。站立后期结束时，另一侧的摆动肢向前摆动，足跟着地。

　　站立后期的作用是使重心超过支撑足向前推进，适当地制动加速向前的身体重心，使重心向上移动以获取身体重心的停留时间。

图9　站立后期

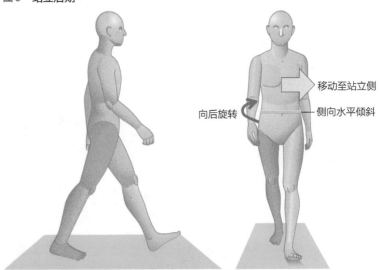

移动至站立侧

向后旋转 —— —— 侧向水平倾斜

| 骨盆 | 前倾5°、后旋5°、冠状面正中位 |
|---|---|
| 躯干 | 移动至站立侧 |
| 髋关节 | 伸展20° |
| 膝关节 | 屈曲5° |
| 踝关节 | 背屈10° |
| 距下关节 | 外翻减少至该阶段结束 |
| 跖趾关节 | 伸展30° |

■ 前摆动期（pre-swing，图10）

　　前摆动期是指从一侧足着地初期到观察侧的趾尖离地为止的期间。这一阶段是第二个双足支撑期。在此阶段，趾尖着地，身体重量几乎全部移至一侧下肢，观察侧不再承重的下肢开始准备摆动，髋关节伸展约10°后开始屈曲，膝关节屈曲40°，踝关节跖屈15°，跖趾关节伸展至60°。

　　前摆动期的作用是为摆动做准备和交换体重支撑部位。

图10　前摆动期

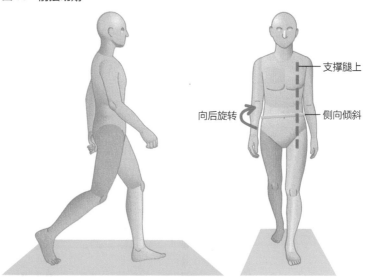

支撑腿上

向后旋转

侧向倾斜

| 骨盆 | 侧倾4°、后旋5°、前倾5°~10° |
| --- | --- |
| 髋关节 | 伸展10° |
| 膝关节 | 屈曲40° |
| 踝关节 | 跖屈15° |
| 距下关节 | 中立位 |
| 跖趾关节 | 伸展60° |

## ❖摆动期

### ■ 摆动初期（initial swing，图11）

摆动初期是指从观察侧的趾尖离地到两侧的踝关节在矢状面上交叉为止的期间。在此阶段，下肢以髋关节为中心屈曲并向前摆动。摆动初期结束时，髋关节屈曲15°，膝关节背屈60°，踝关节背屈0°，下肢摆动的轨迹通过骨盆下方。健康人摆动时，下肢不会突出到骨盆外侧。

摆动初期的作用是使足离地、大腿加速，进而使摆动肢向前移动。

图11 摆动初期

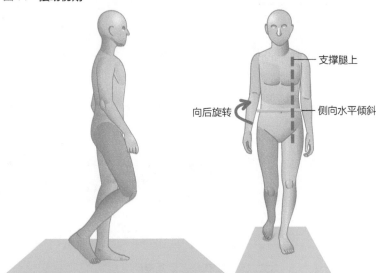

支撑腿上

向后旋转

侧向水平倾斜

| 骨盆 | 前倾10°、后旋5°、冠状面正中位 |
|------|------|
| 躯干 | 移动至站立侧 |
| 髋关节 | 屈曲15° |
| 膝关节 | 屈曲60° |
| 踝关节 | 背屈0° |
| 距下关节 | 中立位 |
| 跖趾关节 | 中立位 |

■ 摆动中期（mid swing，图12）

摆动中期是指从两侧小腿在矢状面上交叉到摆动肢（观察肢）的小腿与地面成直角为止的期间。

摆动中期的作用是将摆动肢向前移动，确保足与地面的距离（间隙）。

图12　摆动中期

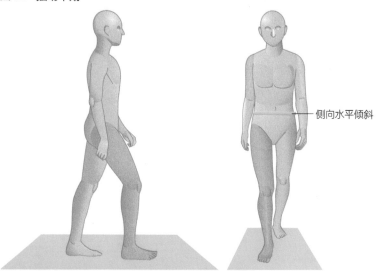

侧向水平倾斜

| 骨盆 | 前倾10°、水平旋转及侧面中立位 |
| --- | --- |
| 躯干 | 和上一个摆动初期一样 |
| 髋关节 | 屈曲25° |
| 膝关节 | 屈曲25° |
| 踝关节 | 中立位 |
| 距下关节 | 中立位 |
| 跖趾关节 | 中立位 |

■ 摆动后期（terminal swing，图13）

摆动后期是指从观察侧的小腿与地面成直角到足跟着地为止的期间。

摆动后期的作用是使摆动肢停止前移，大腿停止向前加速，小腿停止向前摆动，为着地初期做准备。

图13　摆动后期

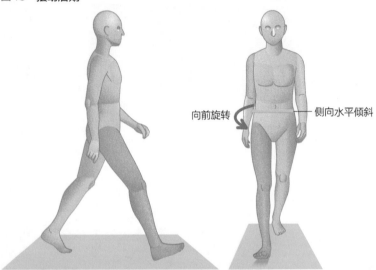

向前旋转　　　　　　　　　側向水平倾斜

| 骨盆 | 前倾10°、前旋5°、冠状面正中位 |
| --- | --- |
| 髋关节 | 屈曲20°~30° |
| 膝关节 | 屈曲0°~5° |
| 踝关节 | 背屈0° |
| 距下关节 | 中立位 |
| 跖趾关节 | 伸展0°~25° |
| 躯干 | 和摆动中期一样 |

# 2 动作实现机理

## ●3个旋转轴

重力是推动身体重心向前移动的驱动力。基于"摇动杠杆"的原理，重力对身体的作用被转化为围绕在足底形成的支点进行的旋转运动。

在正常步行中，身体旋转的支点在站立初期位于足跟，然后移至踝关节，并在站立后期移至跖趾关节（跖趾关节）。佩吕[1]将步行中的3个旋转轴分别称为足跟轴、踝关节轴、前掌轴（**图14**），并将这3个旋转轴定位为步行的重要生物力学组成部分（轴功能）。

图14　3个旋转轴的功能

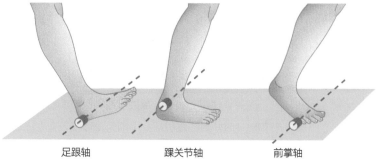

足跟轴　　　　　　踝关节轴　　　　　　前掌轴

第一旋转期（足跟轴）：从足跟着地到全足底着地。身体绕足跟旋转
第二旋转期（踝关节轴）：从全足底着地到足跟离地。身体绕踝关节旋转
第三旋转期（前掌轴）：从足跟离地到趾尖离地。身体绕跖趾关节旋转

## ❖足跟轴的作用（图15）

足跟着地时，重心从最高点猛地降到最低点。2cm的重心下落，作为剧烈的冲击传递到身体的各个部位。如果完全不吸收此冲击，那么骨骼、关节、内脏、脑将受到严重损害。因此，足跟着地时，胫骨前肌、股四头肌、腘绳肌、竖脊肌等大部分肌肉在这个阶段会被动员进行离心收缩以吸收冲击。通过这些肌肉的作用，可以将正常步行时的冲击力减少到身体重量的1.2倍左右。

如果动员所有运动的肌肉进行离心收缩以吸收冲击，则身体将无法向前旋转，每次着地时重心都会暂时静止，而且会出现向前旋转这种不灵活、低效率的动作。如前所述，由于着地后所有的肌肉会立即进行离心收缩以吸收冲击，因此，在关节周围不会产生向前旋转的运动。此时，身体利用足跟来实现前旋。这就是只有在足跟轴阶段，在关节以外的部位进行旋转运动的原因。偏瘫患者的足跟不能充分着地，在缺少足跟轴的步行动作中，由于重心暂时静止，因此必须再次主动地向前进行旋转运动。

图15　足跟轴和冲击吸收

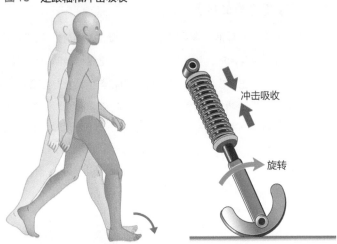

### ❖ 踝关节轴的作用（图16）

踝关节轴期指重心以踝关节为中心向前旋转的时期。在此阶段，膝关节和髋关节伸展，处于站立中期时身体接近直立。站立中期后，由于重力的作用，身体开始向前旋转。如果身体什么动作都不做，旋转速度将与重

图16　踝关节轴的作用

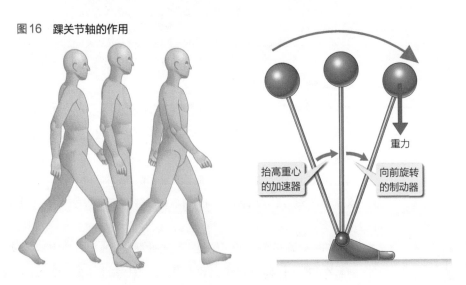

力加速度成正比并持续增加，将无法慢慢地以一定的速度行走。因此，比目鱼肌会进行离心收缩以制动身体的向前旋转。

### ❖ 前掌轴的作用

在站立后期，身体的旋转轴从踝关节移至跖趾关节。站立中期处于最高位置的重心开始下降。此阶段，对侧下肢处于摆动后期，即向前摆动下肢的时期。因此需要充裕的时间以使下肢向前充分摆动。

但是，在以站立侧的踝关节为中心的圆形轨迹中，重心随着向前旋转而逐渐下降，这使得摆动的肢体没有充裕的时间向前移动。因此，为了减慢重心的下降速度，以踝关节为中心的旋转变为以跖趾关节为中心的旋转，向上校正圆形轨迹（**图17**）。

即在站立后期，步长由前掌轴控制。也有报告称，该旋转轴的移动需要腓肠肌的最大肌力的60%~80%[1]。因此，当腓肠肌的肌力下降时，难以调节步长。

**图17　前掌轴的作用**

a 以踝关节为中心的圆形轨迹
随着向前旋转，重心在以踝关节为中心的圆形轨迹上下降。因此，摆动的肢体没有充裕的时间向前移动

b 以跖趾关节为中心的圆形轨迹
为了减慢重心的下降速度，以踝关节为中心的旋转变为以跖趾关节为中心的旋转，向上校正圆形轨迹

前掌轴的另一个作用是控制重心移动的方向（图18）。

踝关节轴是相对于矢状面的一个轴，旋转方向取决于足的方向。与此相对，关于跖趾关节相对于矢状面的轴，拇趾（第一趾）侧的轴斜向内，小趾（第五趾）侧的轴斜向外。通过跖趾关节旋转身体时，可以通过分别使用拇趾和小趾的轴来向任意方向旋转身体。

不能充分发挥前掌轴作用的老年人在转身时容易跌倒，就是因为身体要前进的方向和轴的方向不一致。前掌轴只能在足部朝向的方向上回旋。因此，不能在变换方向的同时使重心斜向内或斜向外旋转。只有前掌轴充分发挥作用，才可以自由地控制身体旋转的方向。

图18　通过跖趾关节控制旋转方向

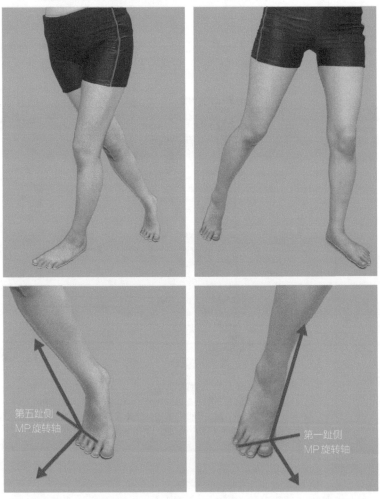

第五趾侧
MP旋转轴

第一趾侧
MP旋转轴

## 步行各期的机理

要了解正常步行运动的整体情况，就必须了解在功能上划分为站立期和摆动期的各个时期。

### ❖ 承重期关节排列

为了应对足跟着地后的急剧承重，下肢在摆动结束时开始做准备。准备承重的下肢在足跟将要着地的极短时间内完成对线排列，在理想状态下完成足跟着地。

下肢在摆动后期向前摆动时，同侧的髂骨相对骶骨向后旋转，朝足跟着地方向提高骶结节韧带和骨间韧带的张力以收紧骶髂关节。足跟将要着地时，同侧的腘绳肌运动，从而稳固骶结节韧带，稳定骶髂关节。另外，足跟将要着地时，腓骨向下移动，通过股二头肌进一步提高骶结节韧带的张力[2]（图19）。

图19　承重期关节排列

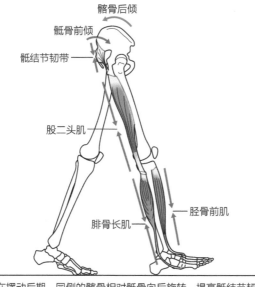

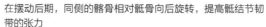

在摆动后期，同侧的髂骨相对骶骨向后旋转，提高骶结节韧带的张力
腘绳肌稳固骶结节韧带，稳定骶髂关节。通过足底筋膜连接的胫骨后肌和腓骨长肌共同保障了足部相对于小腿的排列

足跟着地时，踝关节背屈0°。背屈0°时足跟着地对于足部的稳定性具有重要意义（图20）。其理由与距骨关节面的形状有关。从上方看距骨关节面时，其后部狭窄，越往前越宽。因此，踝关节处于跖屈位时，距骨关节面狭窄的部分嵌入胫骨和腓骨之间，使踝关节处于松弛位，提高运动

性。相反，踝关节处于背屈位时，距骨关节面较宽的部分嵌入胫骨和腓骨之间，使踝关节处于紧绷位，运动性受限。

图20　着地初期下肢关节的稳定

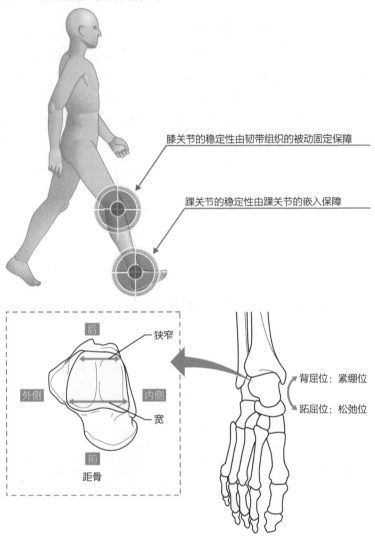

膝关节的稳定性由韧带组织的被动固定保障

踝关节的稳定性由踝关节的嵌入保障

后

狭窄

外侧　　内侧

宽

前

距骨

背屈位：紧绷位

跖屈位：松弛位

　　足跟着地时，踝关节为最合适且最高的0°背屈，以稳定足跟轴。另外，通过足底筋膜连接的胫骨后肌和腓骨长肌共同保障了足部相对于小腿的排列。足跟将要着地时，胫骨后肌收缩以拉起内侧纵弓的薄弱部分，腓骨长肌支撑外侧纵弓的重要基石——骰骨，固定横弓前部，使足部与小腿上部连接[3]。

　　膝关节在摆动后期完全伸展，所有韧带的紧张度增加至紧绷并完全固定，以应对着地后的承重。

### ❖吸收冲击的机理（图21）

　　站立初期的冲击吸收，在步行的过程中很重要。吸收冲击的第1阶段由踝关节进行。踝关节在摆动完成时背屈0°，足跟着地后立即跖屈约5°。胫骨前肌通过离心收缩制动踝关节的跖屈，使踝关节在吸收冲击的同时延长跖屈的时间至足底着地。

　　吸收冲击的第2阶段由膝关节进行。膝关节对冲击的吸收是最主要的，其机理与足跟轴联动。足跟着地时，膝关节伸展0°。足跟着地后，胫骨前肌进行离心收缩以吸收冲击，同时使小腿向前旋转以屈曲膝关节。此时，股四头肌收缩，在制动膝关节屈曲的同时使膝关节屈曲15°以吸收冲击。

　　吸收冲击的第3阶段由髋关节进行。足跟着地后，骨盆向摆动侧下肢侧倾约5°。站立侧髋关节外展肌的离心收缩制动骨盆侧倾，同时也吸收着地时的冲击。

　　通过下肢适当地吸收冲击，可以将正常步行时的冲击力控制在体重的1.2倍左右。

### 图21　吸收冲击的机理

a 踝关节的冲击吸收构造
通过胫骨前肌的离心收缩吸收冲击

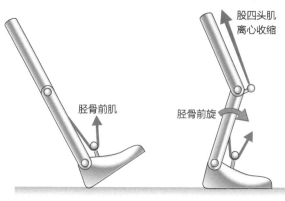

b 膝关节的冲击吸收构造
胫骨前肌使小腿向前旋转，膝关节屈曲，通过股四头肌的离心收缩吸收冲击

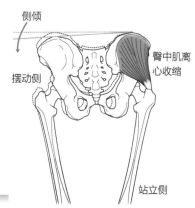

c 髋关节的冲击吸收构造
骨盆略微向摆动侧倾斜，通过臀中肌的离心收缩吸收冲击

第6章　步行分析

187

## ❖承重期关节的动态稳定

　　下肢关节在足跟着地后的承重期，必须实现动态稳定以应对急剧的承重。膝关节的动态稳定是站立期稳定的重要因素。为了吸收足跟着地时的冲击，膝关节从完全伸展位开始屈曲。因此，膝关节处于极其不稳定的状态。

　　臀大肌力矩在使膝关节稳定在屈曲位上起着重要作用。足跟着地后，臀大肌产生髋关节伸展力矩。使股骨围绕髋关节旋转的力矩，具有将股骨远端压在胫股关节面上的作用，从而使膝关节稳定（图22）。

　　另外，臀大肌还具有使髋关节外旋的作用。臀大肌的这一作用有助于股骨在胫骨上外旋。胫骨在足跟着地到全足底着地的阶段内随着踝关节的跖屈、外翻而内旋。股骨的外旋和胫骨的内旋使膝关节相对内旋。膝关节的内旋加强了前交叉韧带（anterior cruciate ligament，ACL）和后交叉韧带（posterior cruciate ligament，PCL）的交叉，股骨和胫骨的关节面接触增加，从而稳定膝关节[4]（图23）。

### 图22　通过髋关节稳定膝关节

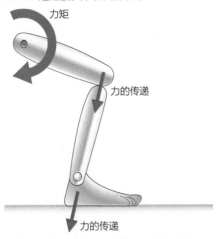

力矩

力的传递

力的传递

膝关节处于屈曲位时，髋关节伸展力矩对大腿-胫股关节面施加压缩力，使膝关节稳定

### 图23　通过ACL和PCL使膝关节稳定在屈曲位

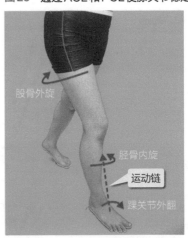

股骨外旋

胫骨内旋

运动链

踝关节外翻

在承重期，踝关节和髋关节的运动使膝关节内旋，进而获得动态稳定性

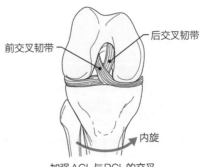

前交叉韧带　　　　后交叉韧带

内旋

加强ACL与PCL的交叉

## ❖重心上抬（图24）

重力是步行动作的推进力这一事实要求将重心上抬以实现前进。在承重期，膝关节屈曲20°～30°，重心处于最低点。此时开始必须伸展膝关节，以上抬重心并在站立中期使身体竖直。此时，膝关节的伸展运动通过髋关节和踝关节复杂的协调机理进行。

从承重期到站立中期，由于比目鱼肌在踝关节上进行离心收缩，胫骨的向前旋转受到制动而降低旋转速度。另外，由于臀大肌和大收肌在髋关节上的运动，股骨在伸展的同时旋转。此时，如果大腿的旋转速度高于胫骨的旋转速度，膝关节就会伸展。由此，在站立初期，下降到最低点的身体重心在由比目鱼肌导致旋转速度下降的胫骨上，然后，通过股骨的旋转和膝关节的伸展而上抬。

图24　髋关节和踝关节为上抬重心而协调运动

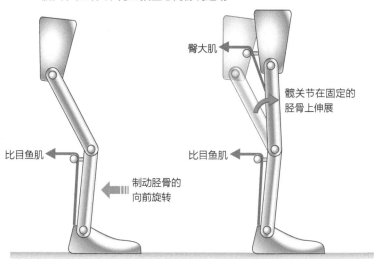

由于比目鱼肌的运动，胫骨的向前旋转受到制动而降低旋转速度。由于臀大肌和大收肌的运动，股骨在伸展的同时旋转。在比目鱼肌固定的胫骨上，通过股骨的旋转，膝关节伸展，重心上抬

第❻章　步行分析

## ❖站立后期和摆动的机理

摆动中大腿和小腿的运动基于双摆运动的原理（图25）。在摆动初期，大腿被髋关节屈肌向前摆动时，由于小腿的惯性，膝关节被动屈曲。在摆动后期，如果大腿的前旋被髋关节伸肌制动，膝关节就会由于小腿的惯性而伸展。由此可知，摆动是髋关节基于双摆原理引起的膝关节运动。

如果髋关节运动性良好，则在摆动中膝关节的运动完全被动，几乎不需要复杂的控制。因此，正常步行时，不需要主动屈曲膝关节就能确保足部和地面之间的空隙。另外，着地时也不需要主动地伸展膝关节。许多患者在摆动上存在障碍；如感到"足部难以向前摆动"，这是因为髋关节的摆动存在功能障碍。

髋关节能否发挥摆动功能取决于髂腰肌能否使髋关节屈曲。以站立中期为界，髋关节的髂腰肌呈离心收缩，开始制动重心的前移。在站立后期的最后阶段，由于髋关节使用大部分伸展运动来延长步长，因此进行离心收缩的髂腰肌像被拉长的弹簧一样储存能量。当不久后另一侧的下肢着地时，体重急剧地移至另一侧。此前支撑体重的髂腰肌不再承重，像被拉长的弹簧一下子收缩那样进行向心收缩，为摆动提供能量（图26）。

在腓肠肌中也观察到类似现象。在站立后期，为了使重心向上回旋，腓肠肌产生较大肌力以使足跟离地。当腓肠肌强烈收缩，以及因对侧足跟着地而使承重部位移至前足时，腓肠肌会急剧地不再承重，从而引起踝关节跖屈和膝关节屈曲。通过踝关节的跖屈，足部向前方推动小腿，辅助膝关节屈曲。另外，腓肠肌的起点跨越膝关节附着在股骨上，使膝关节屈曲以辅助摆动。

由此，通过从站立中期到站立后期的一系列运动，为摆动期中下肢的摆动做好准备，即摆动也可以说是从站立中期开始。在站立中期后，在髋关节不能伸展或足跟离地不充分等步行中，必须通过下肢的主动抬起进行摆动，从而阻碍步行整体的自主性。

图25 双摆

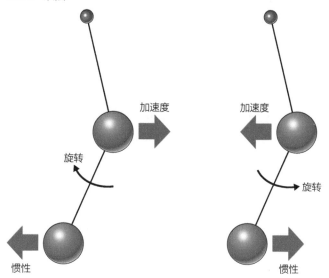

加速度
旋转
惯性

加速度
旋转
惯性

图26 摆动能量的储存

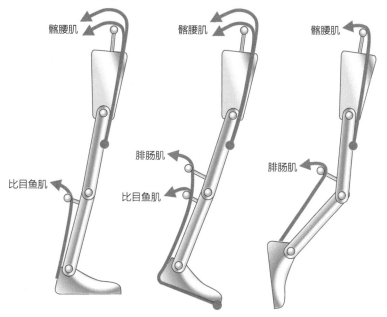

髂腰肌

比目鱼肌

髂腰肌

腓肠肌

比目鱼肌

髂腰肌

腓肠肌

### ❖冠状面的稳定

支撑骨盆的运动在步行的冠状面稳定中起着重要作用。步行时在冠状面内水平支撑骨盆的肌肉具有不同的主动肌，具体哪块主动肌发挥作用取决于髋关节的屈曲角度（图27）。

在站立初期，髋关节处于屈曲位时，主要是臀大肌上部纤维稳定骨盆。接着，在站立中期，髋关节屈曲约0°，即伸展至直立位时，臀中肌作为主动肌发挥作用。在站立后期，髋关节伸展时，臀小肌、阔筋膜张肌运动[3]。

另外，在下肢和骨盆的动态对线过程中，除臀大肌外，大收肌也起着重要的作用。具有伸展、内旋、外旋髋关节作用的大收肌是足跟着地时连接骨盆和大腿的重要肌肉。大收肌从坐骨结节移行至股骨远端内侧，在止点与股薄肌相连（图28）。因此，大收肌在站立期具有将骨盆稳定在膝关节上的作用。另外，当臀部肌群侧向稳定骨盆时，大收肌制动膝关节相对于骨盆的外移。

### 图27 步行时在冠状面内水平支撑骨盆的肌肉

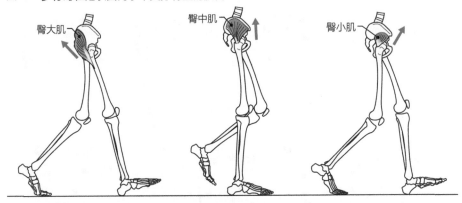

### 图28 大收肌

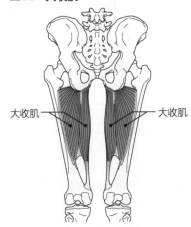

# 3　通过目测进行的动作分析

## 动作整体特征的观察

### ❖ 观察动作整体

在日常生活运动中，如果受试者可以在没有任何辅助或看护的情况下独立行走40~50m，则可以判定其能够独立行走。另外，室外运动需要持续发挥步行能力。健康成年人的步行速度，男性为80m/min左右，女性为75m/min左右；因年龄和性别的不同，平均步行速度在36~124m/min范围内。

步态分析即让受试者直线步行10m左右，观察其如何偏离正常步行及其偏离程度。即使是健康人，步态也会受到年龄、性别、身高、体重和生活方式的影响，并且还会根据心理状况而变化。

#### ■ 整体分析

- 患者在步行中能否自由运动头部和自由移动视线？是否边走边看脚下？
- 步伐是否稳定？ 速度是否合适？
- 左右上肢、下肢是否对称相对运动？
- 步幅是否合适？左右脚的步幅是否有差别？
- 步行节奏是否一定？
- 重心向左、右、上、下移动是否顺畅？ 振幅是否合适？
- 是否可以转弯或改变步行方式？
- 躯干是否保持直立？
- 能否一边聊天，一边走路？
- 能否在室外不平整的地方自由行走？
- 能否在人来人往的地方行走？能否根据红绿灯信号穿过人行道，能否登上人行天桥的台阶？
- 在不休息的情况下能走多远？
- 是否需要人、拐杖、其他工具的辅助（如果需要，请记录下没有这些辅助以及光脚步行时发生的情况）？

异常步态的典型模式包括第194页的"偏离正常模式动作的解释和推论"中所示的内容，这些动作要么复合出现，要么相互关联。因此，在观察患者步态的整体情况并总结特征异常模式后，需要综合考虑各期功能的异常，并明确原因。

### ■ 着地初期的分析

- 足跟着地时，下肢能否对线以应对承重？

### ■ 承重期的分析

- 从足跟着地到全足底着地，足部和小腿是否正确对线？
- 承重期的冲击吸收机理是否正常运作？

### ■ 承重期到站立中期的分析

- 从全足底着地到站立中期，膝关节是否伸展？
- 从全足底着地到站立中期，膝关节是否恢复至中立位？
- 从全足底着地到站立中期，是否产生膝关节的扣锁运动[*1]？

### ■ 站立后期的分析

- 站立中期后，被控制的踝关节能否背屈？髋关节能否伸展？
- 站立后期，足跟是否离地？
- 跖趾关节能否形成前掌轴？
- 足跟离地时，能否使用髋关节外展肌将重心推向对侧？

### ■ 摆动期的分析

- 髋关节能否为摆动产生所必需的大腿加速度？
- 在摆动后期，膝关节伸展并准备好着地的状态下，足跟能否着地？

## 偏离正常动作模式的解释和推论

### ❖ 着地初期的异常

着地初期的异常有跖屈位下的足跟着地（低跟）、全足底着地（足平面着地）、前足部的着地（前足着地）等。

当背屈肌无力时，足跟着地后踝关节会急剧跖屈，导致全足底着地。由于背屈肌群的肌力下降，小腿也不能充分前移，导致膝关节屈曲角度减小。

根据踝关节的运动性，足底前面的着地初期分为3种不同模式。如果踝关节运动范围不受限，足跟在开始承重的同时迅速着地（小腿基本保持直立）；如果踝关节运动范围受限，足跟不着地而悬浮在空中（足跟离地），或足跟被压在地面上并且膝关节急剧过度伸展（图29）。

图29 着地初期的异常

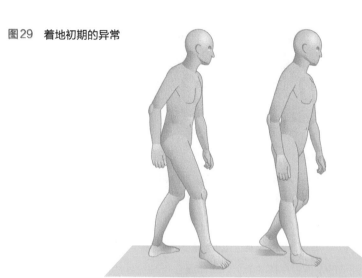

a 踝关节运动范围不受限
时，足跟因承重急剧着地

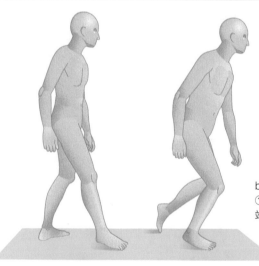

b 踝关节运动范围受限时：
①在足跟抬离地面的状态下
站立

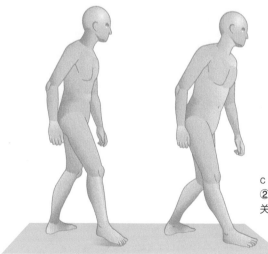

c 踝关节运动范围受限时：
②足跟被压在地面上并且膝
关节急剧过度伸展

## ❖膝关节在承重期过度伸展或急剧伸展（图30）

当膝关节在承重期过度伸展时，小腿的向前运动被制动，足跟轴的功能受限。足跟轴的功能障碍会阻碍重心的顺畅前移和对冲击的吸收。另外，膝关节关节囊后方发生损伤的可能性也变大。

在承重期，膝关节屈曲受限、过度伸展、快速伸展的原因包括股四头肌肌力下降或过度紧张、小腿三头肌过度紧张、踝关节背屈受限等。另外，膝关节感觉障碍和疼痛回避也有可能导致过度伸展。除此之外，着地后膝关节立即快速伸展的现象有时是负荷移至下肢后的反射。

由于股四头肌的肌力下降和麻痹等而不能充分提高下肢稳定性的患者，也有可能通过大幅度前倾躯干或向后旋转骨盆等，使地面反作用力矢量通过膝关节的前方以在膝关节上产生伸展方向的力矩。该有意识的运动会导致膝关节过度伸展（图30a）。

另外，当髋关节的伸展运动范围受限或髂腰肌的离心收缩肌力下降时，站立中期以后躯干不能直立越过下肢向前移动重心。这类患者会前倾躯干并屈曲髋关节，以使重心向前移动。因此，地面反作用力矢量从膝关节的前方经过并导致膝关节过度伸展（图30b）。

图30　膝关节在承重期过度伸展或急剧伸展

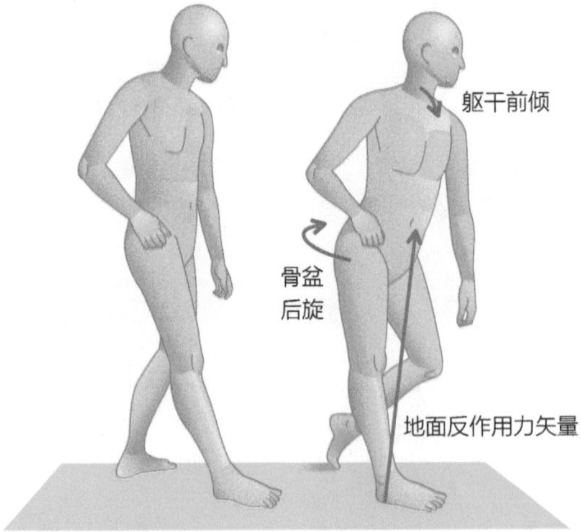

a 股四头肌肌力下降

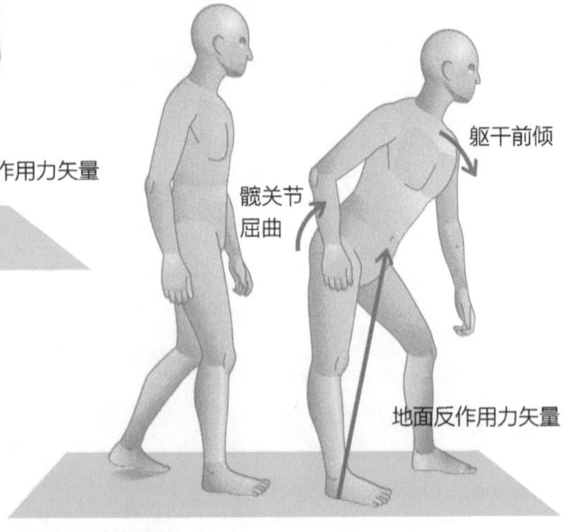

b 髋关节伸展受限

### ❖从承重期到站立中期发生膝关节塌陷

当膝关节由于膝关节伸肌的肌力下降和麻痹而存在伸展功能障碍时，在承重期膝关节无法抵抗外力而急剧屈曲（膝关节塌陷）（图31）。

为了防止膝关节塌陷，患者会进行躯干前倾、用上肢按压大腿前部、下肢外旋等代偿运动。例如，将重力线前移至膝关节、用手按压大腿下部以加强膝关节伸展、下肢外旋使膝关节过度伸展等防止膝关节塌陷的代偿运动（图32）。

另外，踝关节的跖屈肌肌力显著下降时，在承重期以后无法控制小腿前倾，也会导致膝关节塌陷。

图31　膝关节塌陷

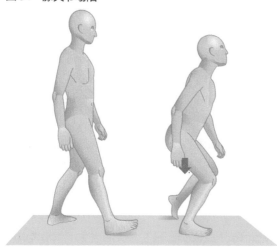

图32　膝关节塌陷的代偿

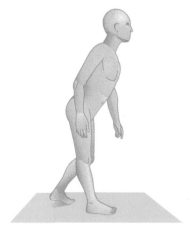

a 躯干前倾以代偿

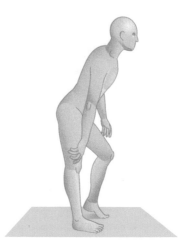

b 用手按压大腿下部

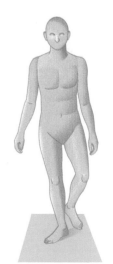

c 下肢外旋以代偿

#### ❖ 站立初期膝关节向内侧或外侧摆动（图33）

在站立期，膝关节急剧外翻并向内侧摆动的现象称为内扣（medial thrust）；膝关节内翻并向外侧摆动的现象称为外摆（lateral thrust）。

#### ■ 着地后膝关节立即摆动时

这种情况通常是由着地时无法充分伸展膝关节导致。正常情况下，着地后膝关节立即完全伸展，提高所有韧带的紧张程度，提高刚性。因此，当着地后膝关节立即摆动时，多数情况下膝关节处于屈曲位。

#### ■ 在承重期间膝关节摆动时

除了股四头肌的肌力下降以外，膝关节摆动通常还因为受到髋关节和踝关节的影响。在承重期，如果臀大肌不能充分发挥肌力，则无法支撑体重，导致髋关节屈曲、内旋、内收。结果，髋关节的运动链导致膝关节屈曲、外翻、外旋，进而引起膝内扣。

由足弓降低和比目鱼肌的肌力下降等导致足部无法支撑体重而内翻时，运动链导致小腿内旋，进而引起膝内扣。

另外，在站立初期，当骨盆向前旋转或过度前倾时，也会由运动链导致膝关节外翻和外旋，进而引起膝内扣。

膝外摆是在变形性膝关节炎患者中发现较多的病症。膝外摆的原因通常是臀大肌下部纤维、大收肌、胫骨前肌、胫骨后肌等肌肉的肌力下降。

这些在承重期运动的肌肉，有助于发挥髋关节内收力矩和踝关节内翻力矩的作用，使股骨和胫骨在冠状面内直立。这些关节力矩综合作用，使膝关节保持中立位（图34）。变形性膝关节炎患者很难使用提供这种复原力的步行模式，导致在站立中期膝关节内翻，内翻应激会随着单足支撑期的承重而增大。

但是，在站立初期，髋关节内收力矩只在足跟着地后的极短时间内发挥作用。紧接着，臀大肌上部纤维发挥髋关节外展力矩作用，辅助髋关节的侧方制动。由于当臀大肌上部纤维和臀中肌的肌力下降时，骨盆旋转以在单足支撑期向站立侧侧移的同时向摆动侧倾斜，因此膝关节的内翻应激反应增加。在这种情况下，从承重期到站立中期会产生膝外摆。

骨盆后倾也会导致膝外摆。骨盆后倾时，股骨因运动链而外旋。股骨的外旋会促进膝关节的内翻，进而导致膝外摆（图35）。

图33　站立初期膝关节向内侧或向外侧摆动

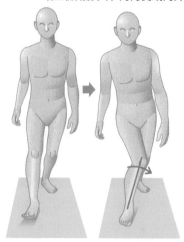

a 内扣

b 外摆

图34　从承重期到站立中期，使股骨和胫骨在冠状面内直立的肌肉

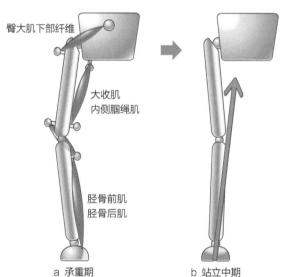

臀大肌下部纤维

大收肌
内侧腘绳肌

胫骨前肌
胫骨后肌

a 承重期

b 站立中期

在站立中期，股骨和胫骨直立后，地面反作用力矢量和膝关节的距离变小。由此，膝关节的内翻应激反应减少

图35　使骨盆后倾影响下肢的运动链

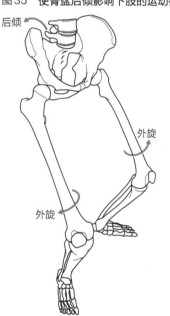

后倾

外旋

外旋

骨盆后倾时，股骨因运动链而外旋。股骨的外旋促进膝关节的内翻，进而导致膝外摆

第 の 章　步行分析

### ❖特伦德伦堡征（图36）

特伦德伦堡征（Trendelenburg）是指，在用髋关节外展肌存在功能障碍的下肢（患侧下肢）单足站立时，不能保持骨盆水平，摆动侧下肢的骨盆下垂的现象。

在臀中肌存在功能障碍的患者步行时，在患侧承重期出现特伦德伦堡征的同时，还会产生头部、躯干向患侧或健侧倾斜的2种代偿运动。单足站立时，躯干向患侧侧屈并且骨盆倾斜的现象称为杜兴氏（Duchenne）现象。虽然臀中肌步行和特伦德伦堡步行经常作为临床上使用的术语混合使用，但步行时站立期导致特伦德伦堡征的步行的正式名称为特伦德伦堡步行，站立时身体向髋关节外展肌（臀中肌）较为不发达一侧代偿倾斜的步行称为臀中肌步行。

在髋关节病患步行时，髋关节的伸展、踝关节的跖屈、膝关节屈曲的运动范围减小，并且骨盆前倾幅度增加。这通常是髋关节运动范围受限的代偿性运动。

图36 特伦德伦堡征

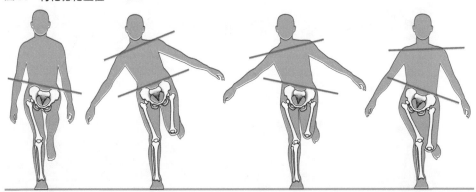

| 特伦德伦堡征 | 第1代偿 杜兴氏征 反向特伦德伦堡征 | 第2代偿 杜兴氏征 特伦德伦堡征 | 第3代偿 特伦德伦堡征和 杜兴氏（-） |

（摘引自：Hardcastle P: The significance of the Trendelenburg test. J Bone Joint Surg Br, 67(5): 741-746, 1985. 部分改动）

### ❖站立中期膝关节屈曲（图37）

站立中期膝关节不能伸展的原因有：膝关节的屈肌痉挛和腘绳肌的过度紧张导致的膝关节伸展受限、臀大肌和比目鱼肌肌力下降，以及髋关节屈肌痉挛和骨盆后倾而伴随的继发现象，过度的踝关节背屈代偿等。

膝关节屈曲受限度在30°以下时，可以慢慢地代偿性地步行，并且除了在站立中期膝关节不能完全伸展以外，没有明显的异常动作。但是，当步行速度加快，屈曲受限度达到30°以上时，就会出现站立期足跟难以着地、小腿明显前倾、全足底着地等异常动作。

在承重期，臀大肌和比目鱼肌协调收缩以促进膝关节伸展。因此，如果臀大肌和比目鱼肌的肌力下降，则无法在站立中期使膝关节伸展。

对侧摆动肢的有效下肢长度较短时，为了使摆动肢的足跟更接近地面，站立肢的膝关节会屈曲。

图37　站立中期膝关节屈曲

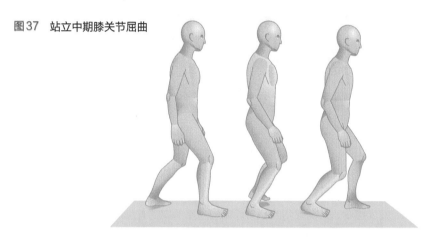

## ❖站立后期髋关节不伸展（图38）

如果在站立后期髋关节不伸展，则无法确保步长，阻碍向前步行，不能确保摆动所需要的使下肢屈曲的髂腰肌和腓肠肌的弹性势能，进而导致摆动产生障碍。

在站立后期，髋关节充分伸展是步行极其重要的因素。在站立后期无法伸展髋关节的原因有：髋关节屈曲痉挛和髂腰肌、股直肌、阔筋膜张肌等具有屈曲髋关节作用的肌群过度紧张导致的伸展受限等。

图38　站立后期
髋关节不伸展

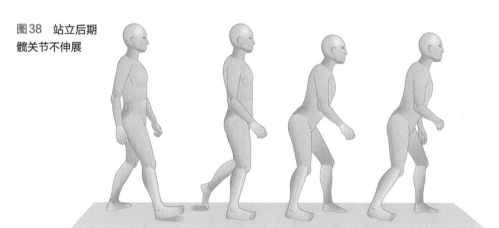

踝关节的背屈受限也会使站立后期髋关节伸展受限。为了使髋关节在站立后期能够伸展，踝关节必须充分背屈。踝关节背屈运动范围受限的患者及对比目鱼肌的离心收缩控制不佳的患者，在站立后期都无法使髋关节伸展。

另外，腓肠肌肌力下降导致踝关节跖屈时足跟不能离地的患者，在站立后期也不能充分伸展髋关节。在站立后期的后半阶段，足跟离地才能使身体重心上升，从而确保髋关节充分伸展的时间。如果腓肠肌的肌力下降，则在站立后期不能使踝关节跖屈，进而导致髋关节伸展受限。

由变形性髋关节炎等导致髋关节疼痛时，髋关节会采取屈曲、外旋、外展等姿势以使髋关节周围的韧带放松，进而缓解疼痛，导致膝关节屈曲的异常步态。此时，患侧站立期缩短，健侧步长缩短。另外，为了减轻冲击导致的疼痛，需要慢慢着地。

### ❖异常摆动

当髋关节存在明显的屈曲不足使运动范围受限时，躯干向前、后大幅度摆动。从受限侧的站立后期至前摆动期时骨盆前倾，从摆动中期至摆动后期时骨盆后倾并向前旋转。这是使受限侧的下肢向前摆动的代偿（图39）。

图39　异常摆动①

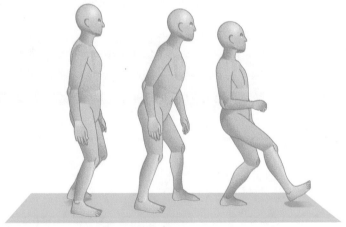

髋关节存在明显的屈曲不足使运动范围受限

如果膝关节屈曲受限，则会出现不连贯步态（图40）。同样，如果踝关节背屈受限，或足尖跖屈位痉挛，则为了在摆动时使髋关节和膝关节过度屈曲会抬高膝关节和足部，进而导致屈曲、外展和不连贯步态（图41）。而且，在着地初期时从足尖开始着地，会出现用足尖走路的足尖步态（equine gate），有时也称为跨阈步态（steppage gait）。

图40　异常摆动②

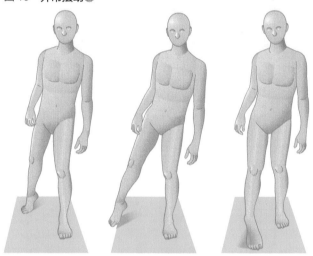

膝关节屈曲受限时的伸展、外展和不连贯步态

图41　异常摆动③

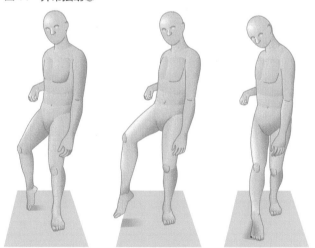

踝关节背屈受限和足尖跖屈位痉挛时的屈曲、外展和不连贯步态

第 o 章　步行分析

203

胫骨前肌的肌力下降和麻痹导致踝关节背屈存在功能障碍时足下垂（drop foot），导致跨阈步态（图42）。即为确保足尖和地面的间隙，会过度屈曲髋关节和膝关节以抬高下肢向前摆动。着地初期从足尖开始到足跟至实现全足底着地为止。

　　如果在摆动时过度用力地抬起下肢和倾斜躯干，通常会导致站立后期髋关节不能充分伸展，进而无法确保摆动所需要的使下肢屈曲的髂腰肌和腓肠肌的弹性势能，从而出现摆动障碍。

**图42　异常摆动④**

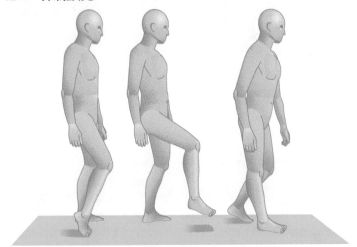

胫骨前肌的肌力下降和麻痹导致踝关节背屈存在功能障碍时足下垂，导致跨阈步态

# 4 动作机理分析

即使是步行障碍，也必须先确定哪个阶段存在障碍，才能进行分析或治疗。然而，如果只是盲目地分析步态，那么也只能观察到"该病患是如何步行的"，列出与正常步行的区别而已。有效的康复治疗需要提取有助于分析和治疗的有意义项目（meaningful task）。

应该在明确"应着眼于分析步行的哪个功能动作"的基础上，选定分析的项目。在进行步态分析时，应该注意的机理有以下9个要点（表1）。

**表1 分析步行时的9个要点**

1. 着地初期的对线
2. 从着地初期到全足底着地的足部和小腿的正确对线，以及承重期的冲击吸收
3. 从全足底着地到站立中期的膝关节伸展
4. 站立中期的膝关节内翻对线的中立位
5. 从全足底着地至站立中期的膝关节扣锁运动
6. 站立中期以后踝关节背屈和髋关节伸展
7. 站立后期足跟离地和前掌轴形成
8. 足跟离地时重心向对侧移动
9. 前摆动期大腿的向前加速度和摆动后期膝关节的伸展

第6章 步行分析

## ▌着地初期的对线分析

分析在足跟着地时，被分析侧下肢是否可以对线排列以准备应对承重。

■ 分析步骤

①向后拉患者被分析侧下肢，使其垂直站立。

②向前摆动向后拉的下肢，在对侧下肢前方着地（图43a）。

③分析膝关节完全伸展、踝关节背屈0°时，足跟能否着地（图43b）。

④另外，检查此时骶骨是否相对于髂骨略微前倾，骨盆是否处于紧张位（图43c）。

图43　着地初期的对线分析

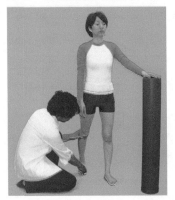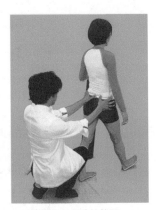

a 向前摆动向后拉的下肢　　　b 足跟着地的分析　　　c 检查骶骨和骨盆的位置

## ▌从着地初期到全足底着地的足部和小腿的正确对线分析

分析从足跟着地到全足底着地期间，足部和小腿是否对线排列，以及承重期的冲击吸收机理。

■ 分析步骤

①静止站立时将被分析侧下肢向前迈出一步（图44a）。

②分析能否从膝关节伸展、足跟着地时开始慢慢跖屈踝关节的同时屈曲膝关节（图44b）。

③此时，检查膝关节屈曲的方向与第二跖骨的方向是否一致，小腿是否垂直于地面（图44c）。

图44 从着地初期到全足底着地的足部和小腿的正确对线分析

 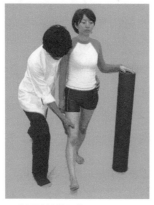 

a 静止站立时将被分析侧下肢向前
　迈出一步

b 分析膝关节屈曲

c 检查小腿是否正确对线

## ● 从全足底着地到站立中期的膝关节伸展的分析

分析从全足底着地到站立中期的膝关节伸展。

### ■ 分析步骤

①静止站立时将被分析侧下肢向前迈出一步，在全足底着地后慢慢前
　倾胫骨（图45a-b）。

②分析能否将重心抬高至使髋关节伸展、下肢垂直的位置。此时，检
　查在胫骨不后倾、骨盆不向后旋转的情况下，膝关节能否伸展（图
　45c）。

图45 从全足底着地到站立中期的膝关节伸展的分析

a 向前迈出被分析侧的下肢

b 慢慢前倾胫骨

c 检查能否将重心抬高至下肢垂直
　于地面的位置

第6章　步行分析

## 站立中期膝关节内翻对线中立位的分析

分析从全足底着地到站立中期膝关节内翻对线的中立位。

### ■ 分析步骤

①将分析侧的下肢向前迈出一步，在全足底着地时伸展髋关节和膝关节（图46a）。

②检查在站立中期之前小腿是否垂直、膝关节是否向内移、股骨内上髁是否处于坐骨结节的正下方（图46b）。

图46　站立中期膝关节内翻对线中立位的分析

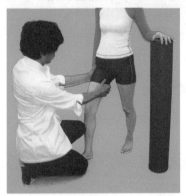 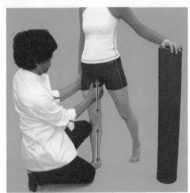

a 伸展髋关节和膝关节　　　　　　　b 检查下肢对线情况

## 从全足底着地到站立中期的膝关节扣锁运动的分析

分析从全足底着地到站立中期的膝关节扣锁运动。

### ■ 分析步骤

①将被分析侧的下肢向前迈出一步，在全足底着地时伸展髋关节和膝关节（图47a）。

②此时，检查人员触诊患者大腿和小腿，确认膝关节将要完全伸展时股骨是否略微内旋、膝关节是否相对外旋、膝关节是否伸展（图47b）。

③此外，还需检查小腿是否不旋转并保持垂直于地面。

图47 从全足底着地到站立中期的膝关节扣锁运动的分析

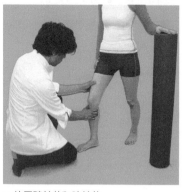

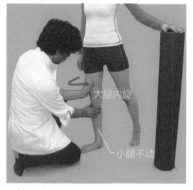

大腿内旋

小腿不动

a 伸展髋关节和膝关节

b 检查膝关节的扣锁运动

## 🔵 站立中期以后踝关节背屈和髋关节伸展的分析

分析站立中期以后踝关节背屈和髋关节伸展的情况。

■ 分析步骤

①保持垂直站立，将被分析侧下肢向前迈出一步后，再将对侧下肢向前迈出一步（图48a）。

②此时，检查位于后方的被分析侧下肢能否在背屈踝关节的同时伸展髋关节（图48b）。

③此时，检查骨盆是否前倾或向后旋转（图48c）。

图48 站立中期以后踝关节背屈和髋关节伸展的分析

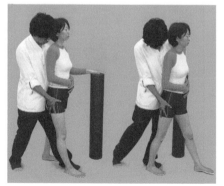

a 将被分析侧下肢向前迈出一步后，再将对侧下肢向前迈出一步

b 检查能否在背屈踝关节的同时伸展髋关节

c 检查骨盆是否前倾或向后旋转

第❻章　步行分析

## █ 站立后期足跟离地和前掌轴形成的分析

分析站立后期足跟能否离地、跖趾关节能否形成前掌轴。

■ 分析步骤

①将分析侧下肢向前迈出一步后，再将对侧下肢向前迈出一步（图 49a）。

②分析侧下肢单足支撑时，要检查踝关节能否跖屈、足跟能否离地（图49b）。

③将对侧下肢向前摆动，检查在身体重心越过分析侧下肢向前移动期间，足跟能否持续离地、跖趾关节能否使足部旋转（图49c）。

图49　站立后期足跟离地和前掌轴形成的分析

a 将分析侧下肢向前迈出一步后，再将对侧下肢向前迈出一步

b 检查足跟能否离地

c 检查跖趾关节能否使足部旋转

## █ 足跟离地时重心向对侧移动的分析

分析足跟离地时，髋关节外展肌能否向对侧推压重心。

■ 分析步骤

①站立时，将分析侧的对侧下肢向前迈（图50a）。

②此时，检查骨盆能否在保持水平的同时将重心向对侧推压（图50b）。

③用拇趾跖趾关节旋转足部，检查足部能否持续按压地面。

图50　足跟离地时重心向对侧移动的分析

a 将分析侧的对侧下肢向前迈

b 检查骨盆能否在保持水平的同时
将重心向对侧推压

### 摆动期的分析

分析髋关节能否产生摆动所需的大腿加速度。

■ 分析步骤

①将下肢向后拉一步，慢慢前移重心的同时使膝关节向前伸、下肢向
前摆动（**图51a**）。

②此时，检查髋关节屈曲能否使大腿向前加速，踝关节的跖屈和膝关
节的屈曲是否联动（**图51b**）。

③像踢球一样向前摆动下肢，使膝关节伸展。在足跟将要着地时伸展
膝关节至0°，检查是否从足跟开始着地（**图51c**）。

图51　摆动期的分析

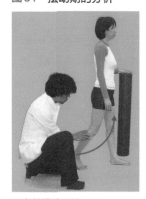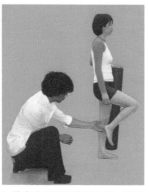

a 向前摆动下肢

b 检查大腿是否向前加速，踝关
节跖屈和膝关节屈曲是否联动

c 检查足跟是否着地

# 5 为推断阻碍动作机理原因的分析

## ▌着地初期时膝关节无法在伸展位对线

### ❖下肢的伸展上提和承重测试（图52）

#### ■ 分析步骤

①患者仰卧，检查人员屈曲患者检查侧的膝关节和髋关节（图52a）。

②髋关节屈曲60°并固定，然后伸展膝关节。此时，踝关节保持背屈0°（图52b）。

③分析能否在充分伸展腘绳肌的同时完全伸展膝关节，以再现着地初期时下肢的姿势。此时，为了分析腘绳肌的伸展是否充分，需要检查其抵抗感和运动范围。

④分析从足跟施加力后能否保持该姿势（图52c）。如果不能抵抗检查人员施加的力导致该姿势塌陷，则怀疑臀大肌和腘绳肌等的肌力下降。

### ❖膝关节扣锁运动的分析

如果膝关节伸展运动范围受限，则当足跟着地时膝关节无法完全伸展。膝关节伸展时，诱发称为扣锁运动的外旋约10°的活动。由于股骨内侧关节面和外侧关节面的曲率半径不同，除非诱发扣锁运动，否则膝关节无法完全伸展。因此，为了确定限制膝关节伸展运动范围的因素，需要考虑限制扣锁运动的因素。

股薄肌、缝匠肌、半腱肌、半膜肌、腘肌是很有可能阻碍扣锁运动的组织。股薄肌、缝匠肌、半腱肌组成联合腱——鹅足腱，附着于胫骨内侧。这些肌肉都越过髋关节附着在骨盆上。因此，如果在改变髋关节角度的同时测量膝关节的伸展运动范围，就可以判定股薄肌、缝匠肌、半腱肌、半膜肌、腘肌中的哪块肌肉阻碍了扣锁运动。

#### ■ 分析步骤（图53）

①患者仰卧，略微屈曲髋关节，以内外展中立位的姿势为标准姿势（图53a）。

②外旋胫骨的同时伸展膝关节（图53b）。检查此时的抵抗感和运动范围。

③在髋关节外展的基础上，外旋胫骨的同时伸展膝关节。此时，如果
感觉到抵抗感比髋关节中立位时强，或膝关节的伸展运动范围减小，
那么很有可能是股薄肌阻碍扣锁运动并限制膝关节伸展（图54）。
同样，可以在髋关节伸展的姿势下对缝匠肌进行分析（图55）；在
髋关节屈曲位对半腱肌、半膜肌进行分析（图56）。无论哪种情况，
如果感觉到抵抗感比髋关节中立位时强，或膝关节的伸展运动范围
减小，那么这些肌肉很有可能阻碍扣锁运动并限制膝关节伸展。此
外，即使改变髋关节的姿势，感觉到的抵抗感及膝关节的伸展范围
也与标准姿势一样时，可以认为腘肌是限制因素。

**图52　下肢的伸展上抬和承重测试**

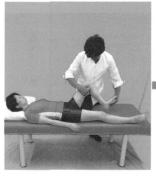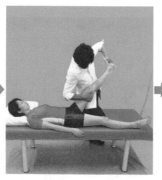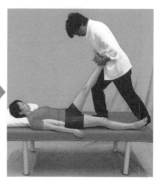

a 在仰卧位略微屈曲检查侧的膝关
　节和髋关节

b 髋关节屈曲60°并固定，伸展膝
　关节。此时，踝关节保持背屈0°

c 髋关节屈曲60°、膝关节完全伸
　展时，从足跟施加力，分析能否
　保持该姿势

**图53　膝关节扣锁运动的分析①**

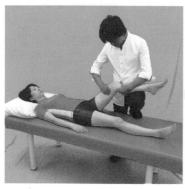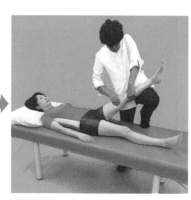

a 在仰卧位下，略微屈曲髋关节，以内外
　展中立位的姿势为标准姿势

b 外旋胫骨＋伸展膝关节

图54 膝关节扣锁运动的分析②（确认股薄肌影响的方法）

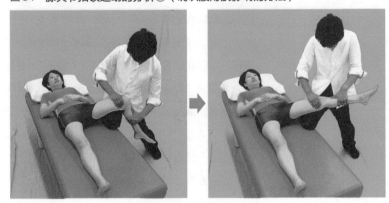

在外展髋关节的姿势下，外旋胫骨的同时伸展膝关节

图55 膝关节扣锁运动的分析③（确认缝匠肌影响的方法）

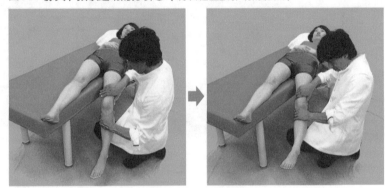

在伸展髋关节的姿势下，外旋胫骨的同时伸展膝关节

图56 膝关节扣锁运动的分析④（确认半腱肌、半膜肌影响的方法）

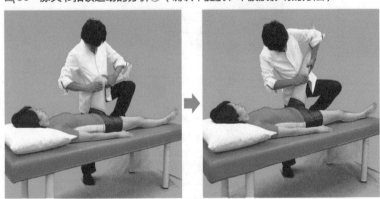

在屈曲髋关节的姿势下，外旋胫骨的同时伸展膝关节

## 解剖检查！ 半腱肌和半膜肌

因为半腱肌和半膜肌都是内侧腘绳肌，所以通常认为它们具有相同的作用，但其实半膜肌的附着部位具有复杂的结构，它们对胫骨的作用大不相同。半膜肌在膝关节内侧副韧带纵向分为3部分：第1部分移行至胫骨前下方，附着在鹅足腱的深层；第2部分与绕着腘窝的腘斜韧带汇合，附着在关节囊后面；第3部分从腘窝下降与腘肌筋膜汇合。因此，半膜肌的过度紧张会增加腘肌和后关节囊的紧张程度。

另外，半腱肌与半膜肌和股二头肌一样始于坐骨结节，靠近膝关节时与股薄肌、缝匠肌汇合，形成鹅足腱附着在胫骨粗隆内侧。

## 采用足跟轴时踝关节无法背屈0°

### ❖比目鱼肌和胫骨后肌的伸展性分析

临床上发现较多的导致踝关节背屈受限的原因是胫骨后肌和比目鱼肌的过度紧张。胫骨后肌导致踝关节背屈受限通常不是由于其跖屈作用，而是由于胫腓关节的运动性降低。胫骨后肌附着在腓骨和胫骨上（图57）。因此，当胫骨后肌紧张时，腓骨相对于胫骨的运动就会受限；当踝关节背屈时，远端胫腓关节上的腓骨运动就会在外展的同时外旋并上提；与之相反，当踝关节跖屈时，腓骨就会在内收的同时内旋并下降[3]（图58、图59）。

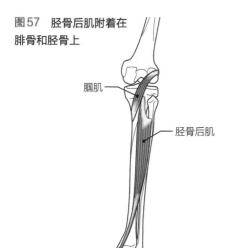

图57 胫骨后肌附着在腓骨和胫骨上

腘肌

胫骨后肌

图58 距骨关节面形状

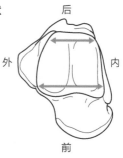

后

外　　内

前

为了使距骨较宽的前方关节面嵌入胫骨和腓骨之间，腓骨必须向外侧伸展

这些运动与距骨较宽的前方关节面相对应。背屈时，为了使距骨较宽的前方关节面嵌入胫骨和腓骨之间，腓骨必须向外侧伸展。如果胫骨后肌的紧张导致腓骨的运动受限，则无法确保容纳距骨较宽关节面的空间，进

第6章　步行分析

215

而导致踝关节背屈受限。

图59　踝关节的跖屈、背屈运动和远端胫腓关节的运动

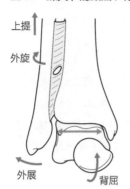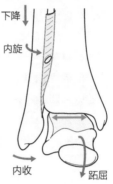

a 背屈运动
腓骨外展的同时外旋并上提

b 跖屈运动
腓骨内收的同时内旋并下降

■ 分析步骤（图60）

　　通过触诊分析比目鱼肌和胫骨后肌的僵硬感和有无压痛。过度紧张时，轻微按压都会引起剧烈疼痛。

　　①患者俯卧，将膝关节屈曲约30°，用靠垫等支撑小腿。

　　②在胫骨上方1/4处的内侧边缘做标记，并想象一条连接该标记和腓骨小头的线。该线就是比目鱼肌上缘的位置（图61）。

　　③患者屈曲膝关节并放松腓肠肌，检查人员从腓肠肌的内侧头和外侧头的边界将手慢慢地插入深层，触及比目鱼肌的肌腹时按压肌腹，确认有无僵硬感和压痛。如果过度紧张，则轻微按压都会引起剧烈疼痛。

　　④在同样的姿势下，检查人员将手从比目鱼肌上缘腓肠肌的内外侧头的边界线的交点处插入，触诊胫骨后肌的肌腹。胫骨后肌的肌腹在比目鱼肌的上缘部附近膨胀隆起，附着在胫骨和腓骨上。由于比目鱼肌处于更深层，因此必须通过对其进行的间接按压，触诊肌肉的紧张状态。

图60　比目鱼肌和胫骨后肌紧张状态的分析①

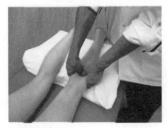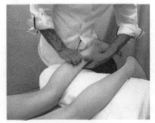

a 胫骨后肌

b 比目鱼肌内侧缘

c 比目鱼肌中部

图61 比目鱼肌和胫骨后肌紧张状态的分析②

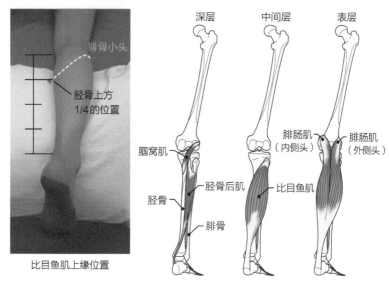

比目鱼肌上缘位置

### ❖ 距骨运动性的分析

如果距骨不向后内侧滑动，则在距小腿关节前部会发生碰撞，进而导致踝关节背屈受限。其主要原因是足底筋膜的缩短和小腿三头肌的缩短。当同时缩短足底筋膜和小腿三头肌时，跟骨在踝关节背屈时会向前上方拉出，因此会间接导致距骨不向后内侧滑动（图62）。

图62 距小腿关节前部碰撞

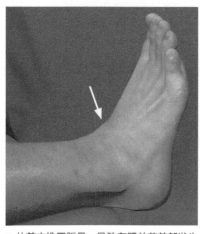

a 从前方推压距骨，导致在踝关节前部发生碰撞时，背屈受限

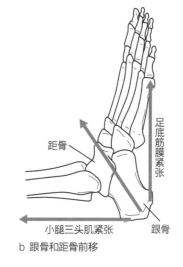

b 跟骨和距骨前移

第6章 步行分析

■ 分析步骤（图63）

①最大范围地背屈踝关节（图63a），然后向内收方向移动（图63b）。此时，如果存在骨性限制，则判定距骨已经充分向后内侧滑动。相反，如果感觉不到骨性限制且有过度运动和距骨松动现象，则判定距骨滑动不充分。

②在内踝和舟骨的顶点做标记，背屈踝关节。此时，如果两点间距离由大约4cm缩短到大约2.5cm，则判定距骨已经充分向后内侧滑动。（图64）。相反，如果两点间的距离在2.5cm以上时，则判定距骨滑动不充分。

③背屈踝关节时触诊内踝的后方，如果触及距骨后突，则判定距骨已经充分向后内侧滑动（图65）。

图63 距骨向后滑动的分析①

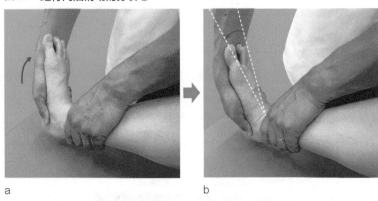

a                                    b

### ❖腓肠肌和腘绳肌的联合伸展性分析

也有不少患者即使在单独背屈踝关节时背屈运动范围不受限，也会在伸展膝关节并屈曲髋关节时踝关节背屈受限（图66）。这类患者只在步行的着地初期存在踝关节背屈运动范围受限，在其他的动作中踝关节可以背屈。由于初期着地时下肢的姿势大概是髋关节屈曲30°和膝关节伸展0°，因此，如果在这种姿势时踝关节背屈受限，初期着地时踝关节背屈就会被选择性阻碍。

图64　距骨向后滑动的分析②

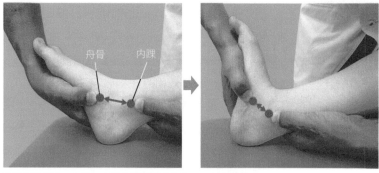

舟骨　　　内踝

背屈踝关节后，舟骨与内踝之间的距离从约4cm缩短到约2.5cm

图65　距骨向后滑动的分析③

a　触诊内踝后方

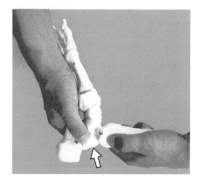

b　距骨后突

图66　腓肠肌和腘绳肌的联合伸展性分析

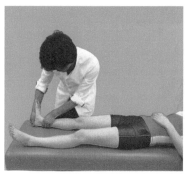

a　在膝关节伸展时，即使单独背屈踝关节
　　也不会导致背屈运动范围受限

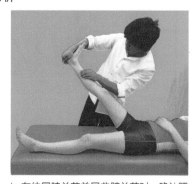

b　在伸展膝关节并屈曲髋关节时，确认踝
　　关节背屈受限

由于腓肠肌和腘绳肌存在筋膜连接并通过该连接互相传递张力，因此腘绳肌紧张时腓肠肌的紧张也会加剧[6]（图67）。因此，在髋关节屈曲、膝关节伸展0°的着地初期，容易导致踝关节背屈受限。另外，由于存在足底筋膜—小腿三头肌—腘绳肌—骶髂韧带—竖脊肌—胸腰筋膜的筋膜连接，因此，如果这些筋膜的紧张导致踝关节背屈受限，足底筋膜的紧张和腓肠肌的紧张会共同向前推压跟骨，进而导致向前推压距骨。在这种状态下背屈踝关节时，距骨滑至胫骨和腓骨之间的运动受到阻碍，在踝关节前部发生距骨和胫骨的碰撞，进而导致踝关节背屈运动范围受限。

■ 分析步骤（图68）

为了分析足跟着地时踝关节的背屈是否充分，在髋关节屈曲60°及膝关节伸展0°时对踝关节的背屈运动范围进行分析。

图67　腓肠肌与腘绳肌之间的筋膜连接

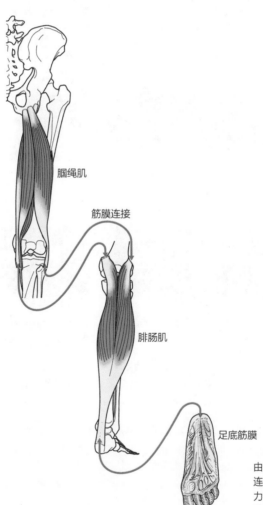

腘绳肌

筋膜连接

腓肠肌

足底筋膜

由于腓肠肌和腘绳肌存在筋膜连接并通过该连接互相传递张力，因此腘绳肌紧张时腓肠肌的紧张也会加剧

图68　足跟着地时踝关节的背屈运动范围的分析

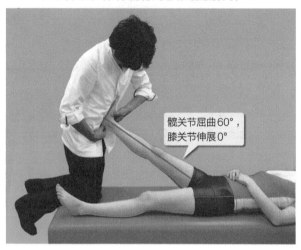

髋关节屈曲60°，
膝关节伸展0°

## █ 着地初期时骶骨与髂骨未形成紧张位

### ❖ 足跟着地时的骶髂关节的对线分析

在着地初期将要开始时，骶骨相对于髂骨略微前倾，骨盆带紧绷（图69）。紧绷时，骶骨相对于髂骨前倾，导致骶髂关节周围韧带的张力增加，压缩骶髂关节，进而提高骶髂关节的稳定性[7]。

着地初期时，如果骨盆带的稳定性不佳，通过骨盆向下肢的力传递就会变差，站立期将处于极其不稳定的状态。因此，分析着地初期时的骶髂关节是否紧绷具有重要的意义。

图69　骶骨前倾导致的骨盆带对线变化

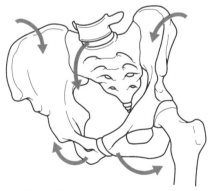

第0章　步行分析

在着地初期将要开始时，骶骨相对于髂骨略微前倾，骨盆带紧绷

■ 分析步骤（图70）

①在站立时，将检查侧下肢向前迈出一步并尽可能使膝关节伸展0°，踝关节背屈0°，然后从足跟开始着地。

②检查人员触诊患者的髂后上棘和骶骨，检查足跟着地时骶骨是否相对于髂骨略微前倾（图70a）。

③在站立时，将检查侧下肢作为支撑侧而单足站立。检查人员从后方触诊检查侧的髂后上棘和骶骨，检查单足站立时骶骨是否相对于髂后上棘前倾。骶骨后倾时，则判定骶髂关节的稳定性存在障碍[8]（图70b）。

## ❖ 骶髂关节稳定性的分析

在"足跟着地时的骶髂关节的对线分析"（第221页）中，如果骶骨不前倾而后倾，着地初期时骶髂关节就很有可能变得不稳定。在这种情况下，要对有助于骶髂关节、骨盆带稳定的肌群进行分析。有助于骨盆带稳定的肌群大致分为内部肌群和外部肌群。

如果属于内部肌群和外部肌群的肌肉存在功能障碍，就会削弱稳定骶髂关节的结构。外部肌群包含3个系统：下后方斜行系统、下深部纵行系统、下前部斜行系统[9]。

下后方斜行系统包括背阔肌、臀大肌和中间的胸腰筋膜（图71）。臀大肌和对侧的背阔肌存在纤维连接，为骶髂关节提供压缩力并帮助稳定。在站立中期，臀大肌和对侧背阔肌的收缩有助于提高胸腰筋膜的紧张程度，并有助于在超负荷时保持骶髂关节稳定。另外，左右臀大肌上部纤维也通过筋膜跨越骶髂关节连接，向骶髂关节提供压缩力。

**图70　骶髂关节的对线分析**

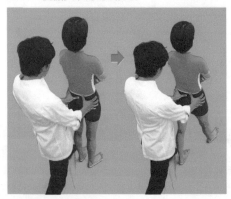

a 足跟着地时的分析

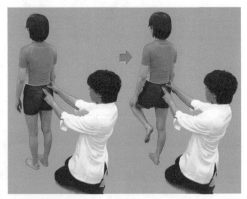

b 单足站立时的分析

下深部纵行系统包括多裂肌、胸腰深筋膜（**图72**）、骶结节韧带和股二头肌。多裂肌除了具有使髂骨更靠近骶骨的作用外，还能使胸腰筋膜的张力、骶髂关节的压缩力增加。多裂肌也属于内部肌肉，对骨盆带的稳定起着至关重要的作用。另外，股二头肌通过与骶结节韧带的连接控制骶骨的点头运动程度（**图73**）。

**图71　下后方斜行系统**

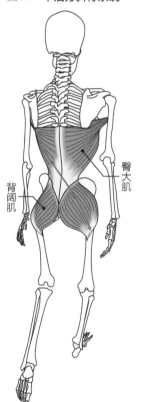

背阔肌

臀大肌

**图72　下深部纵行系统（胸腰筋膜）**

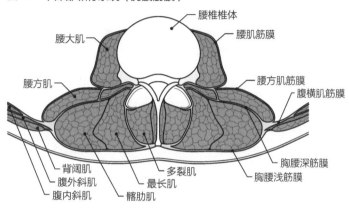

腰椎椎体

腰大肌

腰肌筋膜

腰方肌

腰方肌筋膜

腹横肌筋膜

背阔肌

多裂肌

胸腰深筋膜

腹外斜肌

最长肌

胸腰浅筋膜

腹内斜肌

髂肋肌

**图73　下深部纵行系统（股二头肌—骶结节韧带的连接）**

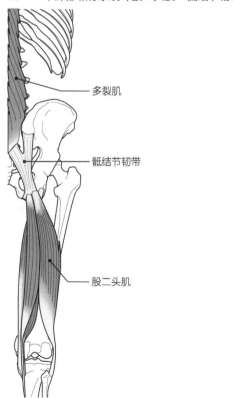

多裂肌

骶结节韧带

股二头肌

下前部斜行系统包括腹外斜肌、腹内斜肌、对侧大腿的内收肌和中间的前腹部筋膜（图74）。这些肌肉与内部肌群的腹横肌像包裹髂骨的束腰一样协调增强骨盆带。

内部肌群的肌肉包括腹横肌、横膈膜、盆底肌和多裂肌（图75）。多裂肌使骶骨前倾（点头）。该作用与尾骨肌双侧收缩导致的骶骨后倾（起床）相拮抗，有助于固定骶骨。腹横肌具有从周围支撑骨盆带的作用。另外，腹斜肌的收缩通过胸腰筋膜使骶髂后韧带的张力增加，进而增强骶髂关节的压缩力（图76）。

图74　下前部斜行系统

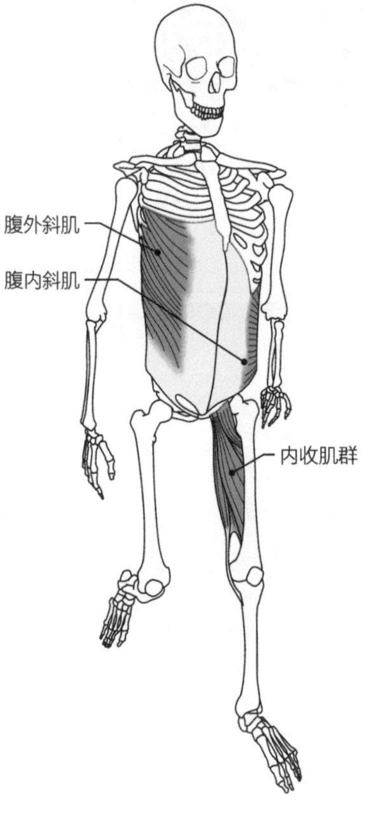

腹外斜肌

腹内斜肌

内收肌群

图75　内部肌群的肌肉

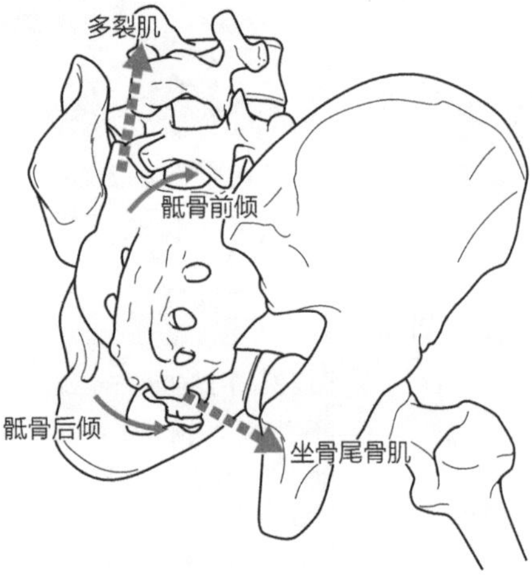

多裂肌

骶骨前倾

骶骨后倾

坐骨尾骨肌

图76　骶髂后韧带和腹内斜肌的连接

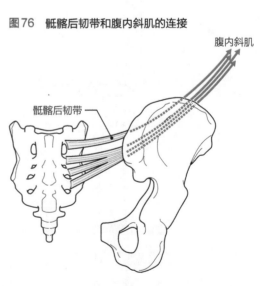

腹内斜肌

骶髂后韧带

■ **分析步骤**（图77）

在站立时，将检查侧下肢向前迈出一步并在膝关节伸展0°、踝关节背屈0°时，从足跟开始着地。此时，按照以下步骤操作骨盆带，确定不稳定的原因。

①为了确定臀大肌的功能障碍是不是骶髂关节不稳定的原因，检查人员沿着患者左右臀大肌上部纤维支撑骨盆，将左右髂后上棘拉至骶髂关节稳定（**图77a**）。通过该操作，如果骶髂关节稳定，则可以判定是臀大肌的功能障碍导致骶髂关节不稳定。

②为了确定多裂肌的功能障碍是不是骶髂关节不稳定的原因，检查人员沿患者左右多裂肌支撑骨盆，将左右髂后上棘和下腰椎棘突拉至骶髂关节稳定（**图77b**）。通过该操作，如果骶髂关节稳定，则可以判定是多裂肌的功能障碍导致骶髂关节不稳定。

③为了确定腹横肌的功能障碍是不是骶髂关节不稳定的原因，检查人员沿着患者左右腹横肌支撑骨盆，对左右髂前上棘和髂骨翼施加压缩力至骨盆带上环闭合（**图77c**）。通过该操作，如果骶髂关节稳定，则可以判定是腹横肌的功能障碍导致骶髂关节不稳定。

**图77 操作骨盆带后，骶髂关节的稳定性分析**

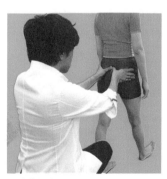 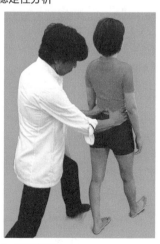  

a 确定臀大肌　　　　　b 确定多裂肌　　　　　c 确定腹横肌

## 下肢对线偏离承重期的理想姿势

为了使冲击吸收和重心前移从着地初期到承重期顺利进行，必须使全足底着地时第二跖骨的方向与步行方向一致，并且膝关节向第二跖骨屈曲，小腿保持垂直（图78）。

当下肢对线偏离承重期的理想姿势时，其可能原因大致如下。

### ❖ 前迈一步的承重测试

#### ■ 分析步骤

①将分析侧下肢向前迈出一步，并在最大承重时使膝关节屈曲30°。此时，检查下肢的对线在哪个方向上偏离了承重期的理想姿势（图79）。

②检查下肢是否在矢状面向屈、伸方向过度移位。

下肢向屈曲方向过度移位（图80a）的原因有"股四头肌的弛缓性麻痹，肌力显著下降和反应性下降等功能障碍""踝关节的背屈受限""胫骨前肌过度收缩导致的跖屈运动受限"等。

下肢向伸展方向过度移位（图80b）的原因有"股四头肌过度收缩，痉挛和承重导致的过度肌紧张""由于股四头肌的弛缓性麻痹、肌力显著下降和反应性下降等功能障碍而过度伸展膝关节的代偿运动""踝关节背屈受限""比目鱼肌痉挛和过度收缩""伴随臀大肌功能障碍的骨盆后旋和前倾"等。

**图78　承重期的下肢垂直对线**

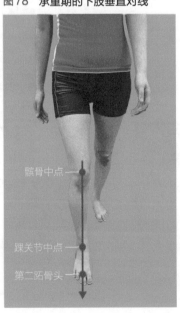

髌骨中点——

踝关节中点——

第二跖骨头——

图79 承重期下肢对线的分析

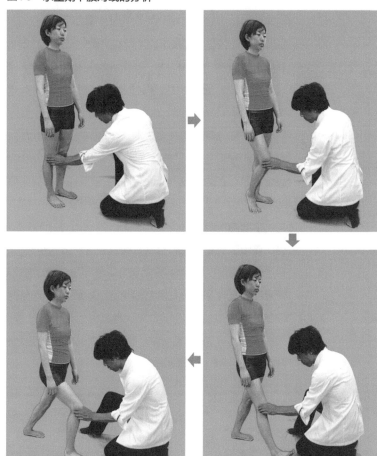

图80 下肢在矢状面向屈、伸方向的过度移位

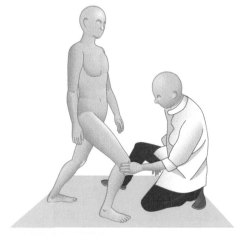

a 向屈曲方向过度移位

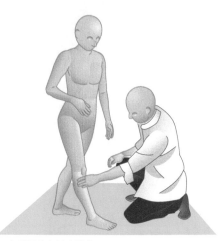

b 向伸展方向过度移位

③检查下肢是否在冠状面向内、外翻方向过度移位（图81）。

假定连接髂前上棘和髌骨中点的线的延长线与连接第二跖骨和足跟的足部纵轴的线，以连接第二跖骨和足跟的足部纵轴的线为基准，检查连接髂前上棘和髌骨中点的线的延长线是在内侧还是在外侧[10]。如果在内侧，则表示下肢在向外翻对线移位的同时进行了承重；如果在外侧，则表示向内翻对线移位。

下肢向外翻方向移位（图82）的原因有"臀大肌存在功能障碍导致髋关节内收和内旋""骨盆过度向前旋转或前倾""比目鱼肌和胫骨后肌、胫骨前肌存在功能障碍导致足内翻""足底肌弱化导致内侧弓下降及伴随的跟骨内翻"。

下肢向内翻方向移位（图83）的原因有"大收肌存在功能障碍""伴随阔筋膜张肌和臀大肌过度紧张的胫腓韧带的伸展性下降""骨盆过度向后旋转或后倾""骨盆向摆动侧下降或向站立侧过度侧移""比目鱼肌、胫骨后胫和胫骨前肌过度紧张导致的足外翻""内侧弓的过度抬高及伴随的跟骨外翻"。

承重期时下肢对线向内、外翻方向偏离的原因多种多样，因此应设想各种原因并进行④的验证。

图81　冠状面（向内、外翻方向过度移位的分析）

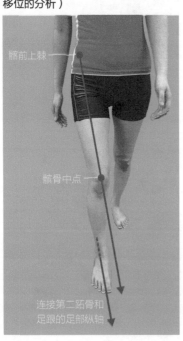

髂前上棘

髌骨中点

连接第二跖骨和足跟的足部纵轴

图82　下肢向外翻方向移位

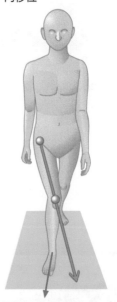

连接髂前上棘和髌骨中点的线的延长线位于连接第二跖骨和足跟的线的内侧

图83　下肢向内翻方向移位

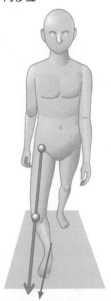

连接髂前上棘和髌骨中点的线的延长线位于连接第二跖骨和足跟的线的外侧

④骨盆的前后倾、侧倾及旋转验证。

通常，前倾和摆动侧的上提或站立侧的向前旋转伴随下肢的外翻对线，后倾、摆动侧的下降、站立侧的向后旋转伴随下肢的内翻对线（图84）。如果将骨盆的移位恢复到中立位后能够校正下肢的内、外翻对线，则可以判定是躯干、髋关节周围肌肉存在功能障碍（图85）。

**图84　骨盆和下肢的运动链**

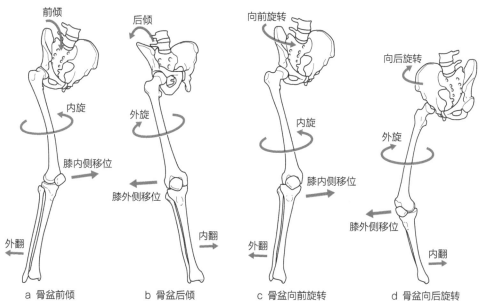

a 骨盆前倾　　　　b 骨盆后倾　　　　c 骨盆向前旋转　　　　d 骨盆向后旋转

骨盆：前倾、上提、向前旋转 ➡ 下肢：股骨内旋、膝关节外翻和外旋
骨盆：后倾、下降、向后旋转 ➡ 下肢：股骨外旋、膝关节内翻和内旋

**图85　内、外翻对线的分析**

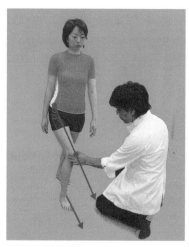 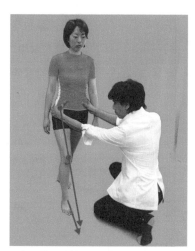

a 外翻对线的情况

b 如果将骨盆的移位恢复到中立位后能够校正下肢的内、外翻对线，则可以判定是躯干、髋关节周围肌肉存在功能障碍

如果即使恢复骨盆的对线也无法校正下肢的对线，则需要考虑髋关节、膝关节和踝关节的影响，进一步进行⑤的检查。

⑤检查小腿长轴（连接踝关节中点和髌骨中点的线）的移位（图86）。小腿长轴的移位量以两侧承重静止站立时的小腿长轴为基准，检查前迈出一步，观察承重小腿长轴向内侧或外侧的移位程度。如果小腿长轴侧移，则可以判定与足部存在功能障碍有关；如果小腿长轴大致垂直于地面，则首先要检查髋关节和骨盆周围的运动链有没有形成偏离对线。

为了检查足部、踝关节的影响，还需要进行如下的足弓分析并判定原因。

## ❖ 足弓的分析

足弓下降和跟骨过度内翻会导致冲击缓冲功能和足两侧稳定性下降，进而导致承重期运动障碍。因此，分析足弓和跟骨倾斜角度非常重要。足弓下降及随之产生的跟骨过度内翻不仅会导致冲击缓冲能力下降，而且从运动链的角度来看还会阻碍小腿的垂直对线，此外还会影响膝关节和髋关节。另外，跟骨和胫骨具有通过距骨的连锁运动结构。因此，当跟骨外翻时胫骨内旋，跟骨内翻时胫骨外旋（图87）；足弓下降和跟骨过度内翻会严重影响下肢的承重对线。

### ■ 分析步骤（图88）

①触诊并标记舟骨最突出点，并测量该点到地面的距离，得到的值为内侧足弓高度。

②测量从第一跖骨头的下端到足跟的长度，得到的值为内侧足弓长度。

③将内侧足弓高度除以内侧足弓长度，得到的用百分率表示的值为足弓高比率。内侧足弓高比率的正常值：男性约为16%、女性约为15%，低于该值的足弓为低弓足。

④跟骨倾斜角度的分析。

假设一条线，该线是冠状面内后方的连接内外踝中点和跟骨底面内外径中点的连线，测量该线与小腿长轴形成的角度（参照图87）。将坐立时足底着地但不受力状态的倾斜角度与站立位的倾斜角度进行比较，如果站立时角度大幅增加，则怀疑足弓下降和足部周围肌肉存在功能障碍有关。

图86　小腿长轴
的分析

 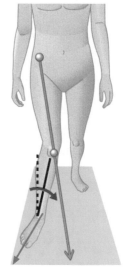

无论是左图还是右图，连接髂前上棘和髌骨中点的线的延长线都在连接
足跟和第二跖骨的线的内侧，形成了外翻对线。但是，检查小腿长轴的
移位后发现，左图中小腿长轴大致与地面垂直，右图中小腿长轴内倾。
因此，可以判定左图是由髋关节问题导致的对线变化，右图是由踝关节
导致的对线变化

图87　跟骨运动和
胫骨运动的关系

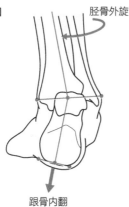 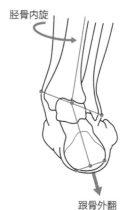

跟骨内翻时胫骨外旋，跟骨外翻时胫骨内旋

图88　足弓高比率

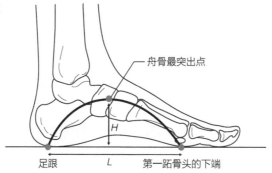

舟骨最突出点

$$足弓高比率 = \frac{H}{L} \times 100$$

H：内侧足弓高度

L：内侧足弓长度

足跟　　　　L　　　第一跖骨头的下端

第 の 章　步行分析

231

❖足弓下降度的分析

■ 分析步骤（图89）

①测量坐立时足底着地但不受力状态时的非承重位的足弓高比率（图89a）和下肢向前迈出一步并在最大承重时使膝关节屈曲30°的足弓高比率（图89b），它们之间的差值为足弓下降度。

足底肌的肌力下降等导致足部不能支撑体重，随着足外翻，足弓扁平化，足弓的支撑肌和足底筋膜被伸展，足弓高度下降。

图89　足弓下降度的分析

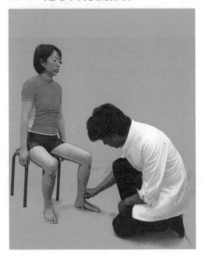 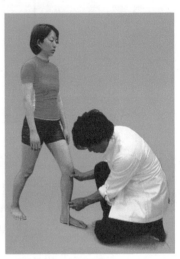

a 坐立时测量　　　　　　　　　　　　b 向前迈出一步后测量

### 承重期间踝关节和膝关节不能充分吸收冲击

■ 分析步骤（图90）

①患者仰卧，检查人员屈曲患者检查侧的髋关节。

②保持髋关节屈曲60°，膝关节伸展0°和踝关节背屈0°。

③检查人员对患者的足跟施加阻力，并施加外力以使踝关节跖屈（图90左）。指导患者在保持髋关节和膝关节的姿势的同时，只用踝关节进行抵抗并慢慢跖屈（使胫骨前肌离心收缩）（图90右）。分析与胫骨前肌的充分离心性肌力分离后的踝关节能否运动。

④跖屈踝关节后，改变对足底施加阻力的位置并施加外力，以使踝关节背屈的同时髋关节屈曲（图91）。指导患者在保持髋关节角度的状态下抵抗阻力的同时，慢慢地背屈踝关节并屈曲膝关节（使比目鱼肌和股四头肌离心收缩）。

⑤在某些情况下，控制踝关节和膝关节协调运动的肌肉会受损。因此，需要单独使胫骨前肌、比目鱼肌、股四头肌进行离心收缩并进行比较分析。即使单独进行离心收缩也不能顺利地进行时，则可以判定为受试肌肉本身存在障碍。相反，如果肌肉在单独分析时可以充分产生力量，并且能够在整个运动范围内顺利地控制关节运动，但在不移动髋关节时却不能顺利地协调控制膝关节和踝关节，则可以判定为控制协调性和分离性运动存在障碍。

图90　承重期间踝关节和膝关节不能充分吸收冲击的分析①（胫骨前肌的离心收缩）

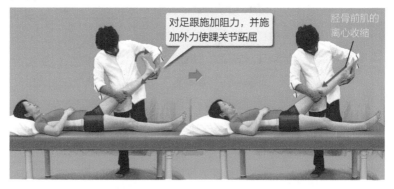

对足跟施加阻力，并施加外力使踝关节跖屈

胫骨前肌的离心收缩

图91　承重期间踝关节和膝关节不能充分吸收冲击的分析②（比目鱼肌和股四头肌的离心收缩）

 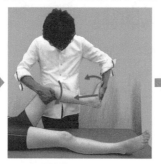 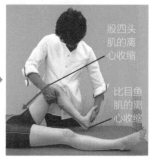

股四头肌的离心收缩

比目鱼肌的离心收缩

a 髋关节屈曲60°，膝关节伸展0°和踝关节处于跖屈位时伸展、上提下肢

b 对足底施加阻力并施加外力，以使踝关节背屈的同时髋关节屈曲

c 指导患者抵抗检查人员施加的阻力，并在慢慢屈曲膝关节的同时背屈踝关节

第6章　步行分析

233

## 全足底着地到站立中期膝关节伸展不充分

当膝关节在站立中期不能充分伸展时，首先，测量髋关节和膝关节的伸展运动范围，以便检查关节运动范围受限的影响因素。如果髋关节和膝关节的运动范围受限，则对关节运动进行更详细的分析以确认限制因素。特别要分析承重位下使膝关节伸展的机理。在承重位下使膝关节伸展时的扣锁运动，是由小腿固定在地面上导致股骨在固定的胫骨上内旋诱发。因此，在承重位时髋关节的运动对诱发扣锁运动具有极其重要的作用。

### ❖承重位扣锁运动的分析

■ 分析步骤（图92）

①患者站立，检查人员触诊患者大腿和小腿的任意部位。

②指导患者屈伸膝关节并下蹲。分析在此承重位是否诱发扣锁运动（图92a）。正常情况下，膝关节完全伸展，在终末伸展区域附近，股骨内旋约10°，胫骨几乎不旋转。

③指导患者向前迈出下肢并单足站立（图92b），对扣锁运动进行分析。如果在下蹲中诱发了扣锁运动，而在单足站立时没有诱发扣锁运动，则通常是单足站立时骨盆的稳定性存在障碍。

④如果在非承重位时诱发扣锁运动，而在承重位时不诱发扣锁运动，则是髋关节或踝关节存在障碍。尤其可能是髋关节的影响。然而，由于髋关节功能受躯干和骨盆稳定性的影响，所以也有不少髋关节问题起源于躯干。为了判断是髋关节的问题还是躯干的问题，分析真正的影响因素很重要。

⑤确认骨盆的对线，如果骨盆后倾，则检查人员将骨盆引导至前倾并指导患者再次下蹲，并分析扣锁运动（图93）。如果该操作能够诱发扣锁运动，使膝关节伸展，则认为骨盆后倾是阻碍扣锁运动的原因。

图92 承重位扣锁运动的分析

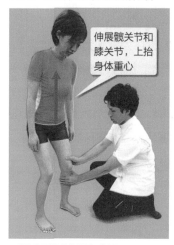

伸展髋关节和膝关节，上抬身体重心

a 通过下蹲动作进行分析

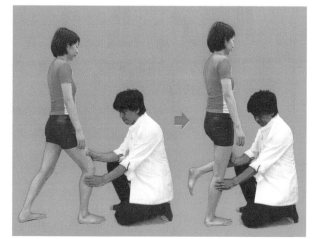

b 通过单足站立进行分析

图93 引导骨盆的同时对扣锁运动进行分析

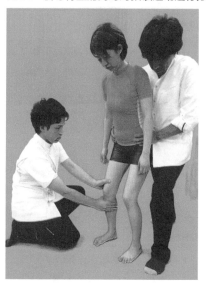

引导骨盆前倾的同时，使患者再次下蹲并进行分析

### ❖主动肌的肌力分析

如果关节运动范围没有受限，则检查主动肌的功能。从承重期到站立中期，使髋关节和膝关节伸展及下肢与地面垂直的主动肌是比目鱼肌、臀大肌、大收肌。用以下方法分析这些肌肉在动作中是否发挥作用。

#### ■ 分析步骤

①患者将被分析侧下肢向前迈出一步，适当地背屈踝关节，膝关节屈曲约30°；此时让患者伸展膝关节和髋关节，并单足站立。

②按照以下步骤，对该运动的主动肌进行辅助肌力的操作以检查对哪块肌肉进行操作后，患者才能完成运动。

• 比目鱼肌

检查人员从患者小腿的后方握住比目鱼肌的肌腹以支撑小腿，使其在运动中不会过度向后旋转，也不会过度向前旋转。如果通过该操作，膝关节和髋关节可以伸展，也可以单足站立，则怀疑比目鱼肌存在功能障碍（图94）。

• 臀大肌

检查人员单手从患者大腿的侧面握住股骨大转子，并且用另一只手沿着臀大肌的肌腹握住骨盆。检查人员在运动中单手操作患者大转子使大腿伸展的同时，用另一只手从止点向起点拉动肌腹以促进臀大肌收缩。如果通过该操作，膝关节和髋关节可以伸展，也可以单足站立，则怀疑臀大肌存在功能障碍（图95）。

• 大收肌

检查人员单手从患者大腿内侧到股骨内上髁上抓住大收肌的肌腹，并且用另一只手握住坐骨结节。检查人员在运动中单手向上提患者坐骨结节的同时，用另一只手从止点向起点拉动肌腹以促进大收肌收缩，另外还要向伸展方向引导大腿。如果通过该操作，膝关节和髋关节可以伸展，也可以单足站立，则怀疑大收肌存在功能障碍（图96）。

• 股四头肌的代偿

当主动肌——比目鱼肌、臀大肌、内收肌存在功能障碍时，患者会过度使用股四头肌，以使膝关节伸展。在这种情况下，小腿会过度向后旋转进而导致膝关节过度伸展。由于站立初期的膝关节过度伸展伴随着髋关节的屈曲和骨盆的后旋，因此从全足底着地到站立中期下肢无法垂直对线排列。

图94 主动肌的分析①（比目鱼肌的分析）

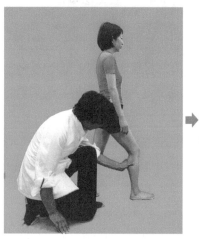

图95 主动肌的分析②（臀大肌的分析）

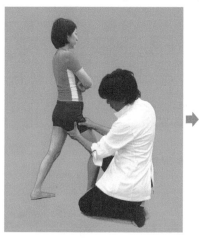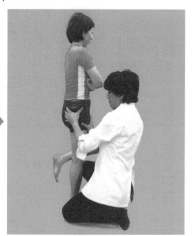

图96 主动肌的分析③（大收肌的分析）

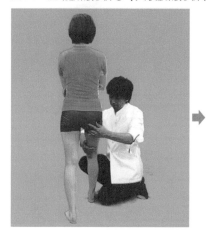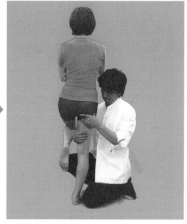

## 站立中期膝关节内翻，下肢无法垂直

从承重期到站立中期膝关节伸展时，如果不能内旋股骨以诱发扣锁运动，则会出现外旋胫骨以诱发扣锁运动的代偿运动——非生理学异常运动模式。当胫骨在承重位旋转时，侧倾作为耦合运动同时发生。胫骨外旋伴有膝内翻，内旋伴有膝外翻（图97）。因此，当胫骨的外旋诱发扣锁运动时，胫骨外倾，而且膝关节的内翻对线增强。

这种反运动链模式通常是由无法将骨盆保持在空间中的良好位置所致。骨盆后倾时，股骨因运动链而外旋。在承重位下伸展下肢时，如果骨盆后倾，股骨就会外旋，导致无法诱发扣锁运动。因此，用外旋胫骨代偿受限的膝关节的伸展运动时，其耦合运动导致胫骨外倾。变形性膝关节炎的诱因极有可能是这种承重位下的异常代偿运动。另外，大收肌、内侧腘绳肌和臀大肌下部纤维等存在功能障碍也会导致站立中期膝关节的内翻对线不能恢复到中立位。

■ 分析步骤（图98）

①患者向前迈出一步后单足站立（图98）。正常情况下，在站立中期股骨内上髁位于坐骨结节的正下方，膝关节的内翻对线为中立位。而变形性膝关节炎患者单足站立时，股骨内上髁相对于坐骨结节向外侧大幅度移位（图99a）。

图97　承重位时胫骨的耦合运动

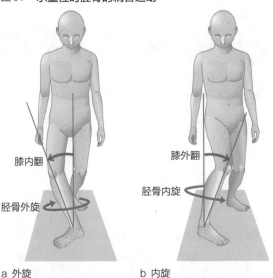

膝内翻

膝外翻

胫骨外旋

胫骨内旋

a　外旋　　　　　　　　b　内旋

②当骨盆后倾或向后旋转时，膝关节因运动链而内翻。因此，检查人员应将患者骨盆前倾，以校正骨盆的向后旋转，检查膝关节的内翻对线是否被校正（**图99b**）。

③通过校正骨盆使其对线，如果在站立中期股骨内上髁位于坐骨结节的正下方，膝关节的内翻对线为中立位，则怀疑是骨盆周围肌肉存在功能障碍。

④大收肌的功能障碍也会导致站立中期膝关节内翻。因此，需要进行**图96**所示的分析。通过该操作，如果膝关节的内翻对线被校正，则怀疑是大收肌存在功能障碍。

**图98　站立中期下肢对线的分析①**

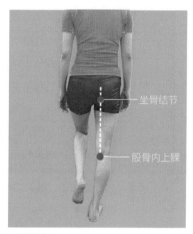

a　向前迈出一步的位置　　　　　　　　b　单足站立

**图99　站立中期下肢对线的分析②**

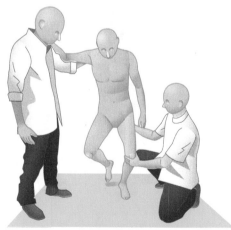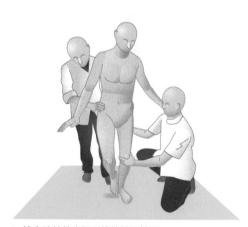

a　变形性膝关节炎患者的单足站立　　　　b　检查膝关节内翻对线的校正情况
股骨内上髁相对于坐骨结节向外侧大幅度移位

### ■站立后期髋关节伸展不充分

在站立后期，踝关节背屈，髋关节伸展。此时，踝关节运动和髋关节运动完全协调。如果踝关节无法背屈，则髋关节也无法伸展。

在站立后期，当髋关节不能充分伸展时，首先要检查髋关节的伸展运动范围，然后再检查踝关节的背屈运动范围。另外，在关节运动范围不受限时，检查该运动的主动肌的功能。该运动由比目鱼肌和髂腰肌的离心收缩控制。因此，分析比目鱼肌和髂腰肌的离心收缩肌力很重要。

另外，在站立后期，当足跟无法离地时，髋关节也无法完全伸展。这是因为，在不伴随足跟离地的站立后期，随着髋关节的伸展，身体重心过度下降。因此，为了使髋关节充分伸展，需要腓肠肌的强烈向心收缩使踝关节跖屈，进而使身体重心上升。如果站立后期髋关节充分伸展，则摆动可以完全被动地进行。摆动的障碍可以说是站立后期的机理问题。

■ 分析步骤（图100）

①足跟从支撑面抬起，在站立台上单足站立。

②充分跖屈踝关节以使身体重心上升。

③从跖屈位慢慢地下降足跟以使踝关节背屈。反复进行该运动，分析踝关节跖屈肌的向心收缩和离心收缩的功能。

**图100 踝关节跖屈肌的向心收缩和离心收缩的功能分析**

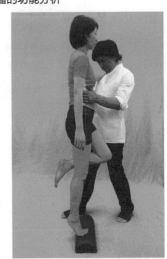

跖屈肌的
向心收缩

跖屈肌的
离心收缩

a 背屈　　　　　　　　　　　　b 跖屈

◎**参考文献**

[1] Perry J.: Gait Analysis.New York, Slack Inc, p.30-38. 1992.

[2] Vleeming A.: The role of the Pelvic girdle in coupling the spine and the legs: a clinical anatomical perspective on pelvic stability. Ch. 8 In: Movement, stability &lumbopelvic pain, integration of research, Elsevier, 2007.

[3] Kapandji I.A. 著，荻島秀男 監訳：カパンディ関節の生理学Ⅱ 下肢，医歯薬出版，1993.

[4] Gilles B. 著，弓削大四郎 監訳：膝の機能解剖と靭帯損傷，協同医書出版社，1995.

[5] Hardcastle P.: The significance of the Trendelenburg test. J Bone Joint Surg Be 67(5): 741-746. 1985.

[6] Thomas W. Myers 著，板場英行 訳：アナトミートレイン，第2版，医学書院，2012.

[7] Donald A. Neumann 著，嶋田智明 訳：筋骨格系のキネシオロジー，医歯薬出版，2012.

[8] T. N. Bernard: The role of the sacroiliac joints in low back pain: Basic aspects of pathophysiology, and management. In: Movement, stability & low back pain, p.73-88, CHURCHILL LIVINGSTONE, 1997.

[9] Vleeming A.: The role of the sacroiliac joints in between spine, pelvis, legs and arms. In: Movement, stability & low back pain p.53-71, CHURCHILL LIVINGSTONE, 1997.

[10] 藤井康成 ほか：下肢アライメントの評価における動的Heel-Floor Angle の有用性. 臨床スポーツ医学，21: 687-692, 2004.

第
の
章

歩行分析